人物叢書

新装版

島《しま》井《い》宗《そう》室《しつ》

田中健夫

日本歴史学会編集

吉川弘文館

島井宗室画像　(福岡市，島井静子氏所蔵)

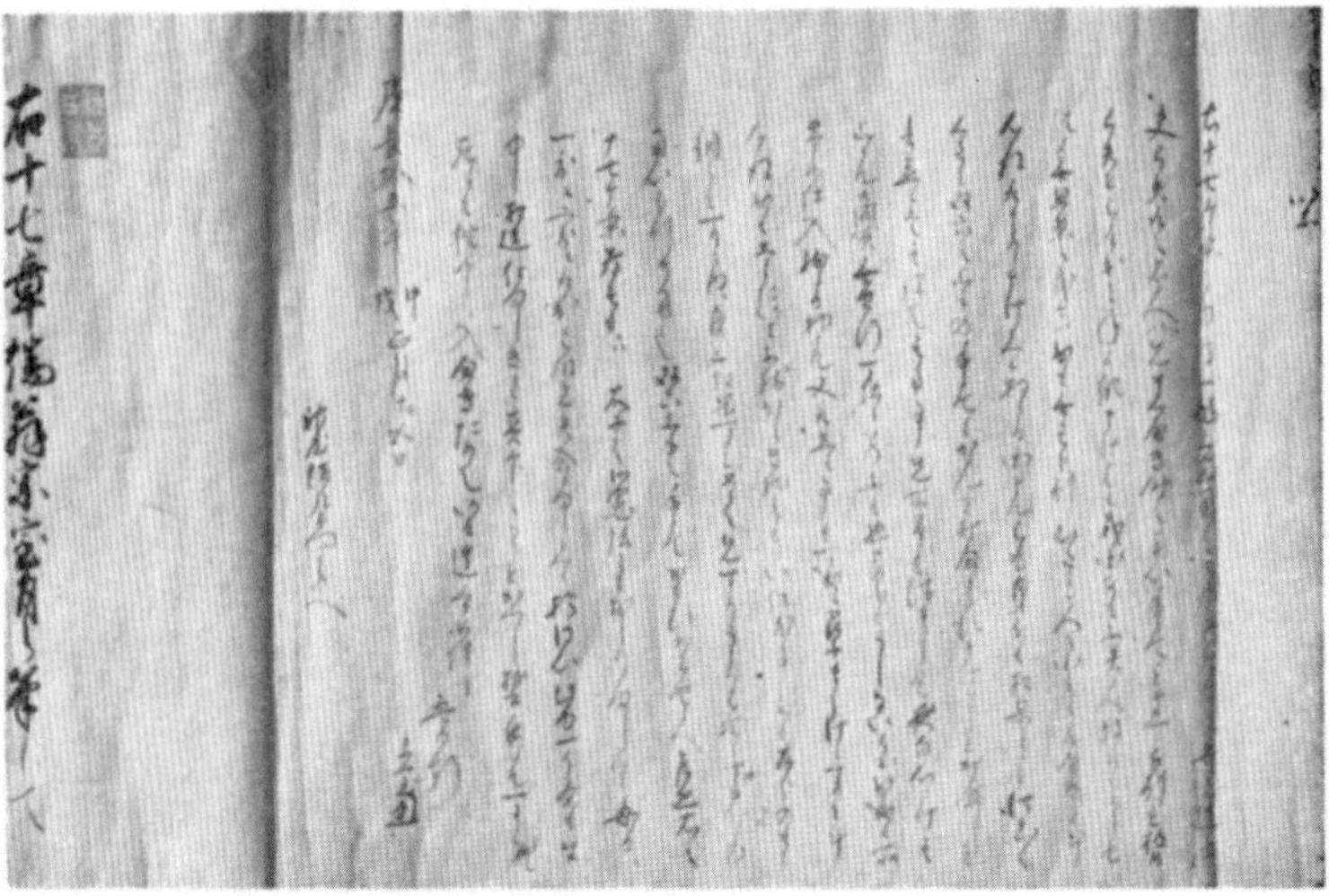

島井宗室遺言状　末尾部　（福岡市，島井静子氏所蔵）

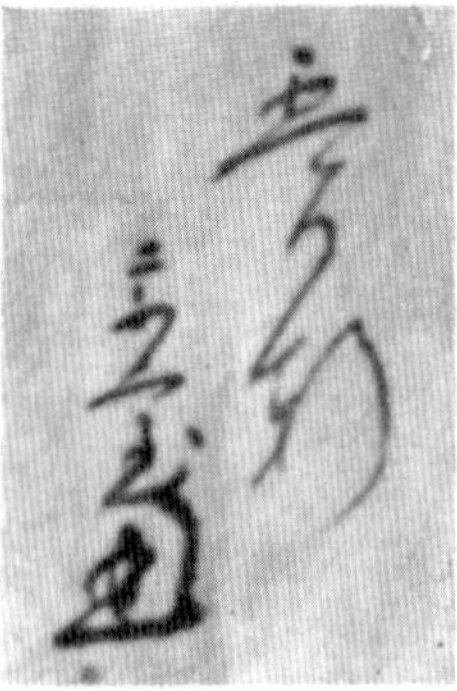

遺言状の自署　同上部分

（本文212～214ページ参照）

はしがき

転換期の人間像を追究するということは限りなく魅力的な作業である。転換期における人間の智慧と努力は時代の流れと接触して火花を散らす。それは大輪の花となって咲く場合もあるが、むなしい光芒を引いて消えゆくことも少なくない。歴史と人間、社会と個人というような問題も、こうした人間像を通してこそ痛切に考えさせられるのである。

島井宗室は中世から近世への転換の時代に動乱の生涯を送った人物である。その足跡は西陲《せいすい》の博多におこって、堺・京都・大坂におよび、さらに海を越えて遠く朝鮮の山野にまで達している。接した人間の範囲も非常に広く、茶人・百姓・商人から大名におよび、時の最高の権力者織田信長・豊臣秀吉とも関係を結んでいる。

宗室の生涯には注目すべき二つの大きな事件があった。一つは博多の復興であり、一つは朝鮮との交渉である。秀吉の九州征伐を機として、宗室は戦国の争乱で灰燼《かいじん》に帰した博多の復旧に当った。現在の博多の都市計画の基礎は実にこの時に築かれたのである。文祿・慶長役前夜の朝鮮交渉に当り、宗室はしばしば渡海して、秀吉の出兵計画を不発に終らせようと努力した。宗室がとりくんだこの二つの事件のうち、前者は見事な実を結んだけれど、後者はまったくむなしい努力として終った。

秀吉が政治家・武将としてこの時代の極点に位する人物であるとするならば、宗室もまた経済人・文化人として一つの頂点を占めた人物であったということができよう。

これまで商人の伝記は政治家・武人・宗教家・学者・芸術家などの伝記に比べ

て非常に数が少かった。特に江戸時代以前のそれは皆無に近かったと言っても過言ではない。その理由はいろいろ考えることができるであろうが、政治や宗教が経済に優先した時代であったために商人の伝記が軽視されてきたとするよりは、特定の商人に関するまとまった史料が遺されていなかったというところに大きな原因があったようである。

このことと思い合わせると、島井宗室の子孫たちが、四百年もの間連綿として宗室関係の古文書を持ち伝えたことは特筆されてよいことがらである。しかしこの島井家の古文書も実は片々たる史実の一側面を物語るものにすぎず、これらによっては、宗室の人間像は閃光《せんこう》的にしかとらえることができない。

そこで私は、宗室が生きた時代と、宗室が活躍した地域の歴史をなるべく綿密に描いて、その背景の中に、わずかな珠玉のような史料をちりばめることによって宗室の行動を浮彫りにしてみたいと考えた。宗室の行動の背景となった近世初頭の博多の状態はこれまでの研究では充分に解明されていなかった点が多いので、これらの記述にはかなり力をそそいだつもりである。また同じ時代に生きた博多や堺の商人の群像についても、なるべくこれを明らかにしようと努めた。

人間宗室に対する従来の評価は、豪商・奸商・豪放闊達・緻密周到・老獪《ろうかい》機敏・傲岸《ごうがん》不遜・山師的など種々雑多である。これらの評は、宗室が博多商人の代表者である限り、当然受けてよい賛辞であり、また当然あびなければならない非難であったといえよう。しかし人間を理解するものは結局人間しかない。宗室の性格が多面的であればあるほど、各人各様にとらえられるのはやむを得ないことであるし、時代とともにその人物の評価が変化することも一向にさしつかえないことであろう。このような考えから、私は狭い自分の尺度で宗室を量ろうとすることをやめ、なるべく直接的な正確な史料を使用して、できるだけ客観的に宗室の行動記録とその背後の事情を書くことに努めた。読者諸賢が本書の記述を足場として人間宗室に肉迫し、新しい宗室の人間像を各自にうち立てられることを期待するものである。

後学の特権として、先学の諸業績をなるべく広く参照させていただいたことは言うまでもない。なかでも日朝関係では中村栄孝氏、茶道関係では桑田忠親氏の論著から恩恵を受けるところが多かった。

秘蔵の古文書の閲覧を快く許された宗室の後裔島井安之助氏に対してはこの際心から御礼を申しあげたい。怠慢な私をたえず激励して種々の御教示を与えられたのは史料編纂所の斎木一馬・岩沢愿彦の両氏である。校正には阿部善雄氏と岩沢氏とから親身の御援助をいただいた。また医学博士奥村武氏は島井文書の採訪にいろいろの便宜を与えられたほか、貴重な写真を数多く提供された。ささやかな本書の生誕のためにたまわった各位の御厚意に対し深い感謝をささげる次第である。

昭和三十六年二月

田中健夫

目次

口絵

挿図

一　生活環境としての博多

博多は日本の窓

玄海の荒波がうちよせる博多の地は、古来大陸に対してひらかれた日本の窓であった。先進の文化はこの地の岸を洗い、この地を通過して日本のすみずみにまでその影響をひろげていった。大陸から来る人びとは新しい知識と珍奇な貨物をたずさえてこの地をふみ、大陸にこころざす人びとはあふれるような期待や大きな野望・商魂に胸をふくらませながらこの地を出発していった。

島井宗室はこの地を故郷とし、この地を生活の舞台とし、この地に生き、この地に死んでいった代表的人物の一人である。宗室について語る前に、しばらく中世の博多について記すことを許していただきたい。

宗祇と博多

明ぬれば、此所のさまを見侍《はべ》るに、前に入海遙にして、志賀の島をみわたして、沖には大船多くかゝれり。唐土人もや乗けんと見ゆ。左には夫《それ》となき山共重なり、右は箱崎の松原遠く連なり、仏閣僧坊数もしらず。人民の上下門をならべ軒を争ひて、その境四方に広し。

これは連歌師宗祇が博多の印象を記した文章である。宗祇はいうまでもなく室町時代における正風《しょうふう》連歌の第一人者。文明十二年（一四八〇）七月、周防国山口に下ってから、長門の赤間関《あかまがせき》（下関市）を経て、筑前の地を巡歴し、紀行『筑紫道記』をも

博　多　湾

福岡市の岩田屋百貨店の屋上から遠望したもので，左が能古島、中央に玄界島，右に志賀島，つづいて海ノ中道が見える。島井宗室は豊臣秀吉に対して博多湾一帯の領有を希望したという逸話が伝えられている。

のしたが、これはその一節である。博多はもともと、西陲《せいすい》の都として栄えた大宰府の外港として発達した。しかし大宰府の大宰府たるゆえんは南北朝争乱の期をもって終りを告げ、室町時代には、その役割は博多に移ったといってよい。宗祇の記事は簡潔ながらも、外国貿易の全国的中心としての繁栄を誇る博多の有様をよく活写していると思う。

『海東諸国紀』に記された博多

博多の有様は外国の書物にも記されている。『海東諸国紀』は、朝鮮人申叔舟《しんしゆくしゆう》が文明三年（一四七一）成宗《せいそう》の命をうけて、日本・琉球と朝鮮の交渉の大概を誌した書物である。申叔舟は、「博多は覇家台とも石城とも冷泉津とも筥崎津ともい

住居一万戸 少弐・大友の二氏が分治

い、住民は一万戸余り、少弐・大友の二氏が分治している。小弐氏は西南の四千戸余り、大友氏は東北の六千戸余りで、藤原貞成を代官として統治している。住民は商業に従事し、琉球・南蛮の船が集るところである。北には白沙が三十里（朝鮮の十里が日本の一里にあたるから、これは三里、約十二キロメートルである）もつづ

き、松樹が林をなしている。日本人はこの風光を奇勝としている。朝鮮に来るものでは博多の人間が九州の中では最も多い。」としている。

戸数が一万戸あったというのは必ずしも正確な数字を伝えたものとは考えられない。『海東諸国紀』は京都の戸数を二十万六千余戸、豊後府内（大分）の戸数を万余と記している。これから考えると、博多の殷盛《いんせい》はかなり大きく外国人の眼に映っていたようである。

博多代官藤原貞成

博多の支配は南北朝以来、大内・大友・小弐氏等によって争われてきたが、文明三年の時点では、豊後の雄大友氏と、古くからこの地に勢力をもった小弐氏とが分割統治する形勢にあった。『海東諸国紀』にみえる代官藤原貞成は大友氏の一族田原氏で、「筑前州冷泉津尉兼内州太守」と称して毎年一－二艘の船を朝鮮に送って貿易していた。恐らくは大友氏の代官に任ぜられ、博多の管理に当っていたものと考えられる。博多にはそれよりも古くから商人自身が守護大名の代官という名義で都市行政を担当していた例がある。宗金は十五世紀の前半、博多商人として極めて多彩な活動をし、その朝鮮貿易額は九州探題渋川満頼をしのぐほどのものがあり、朝鮮の記録にも「富商」と記されている。なお子息の宗家茂《そう》は遣明船搭乗《とうじょう》の貿易家としても活躍している。宗金について朝鮮の記録は、「日本筑州石城管事宗金」「石城小吏宗金」「石城府代官宗金」などという呼び名をのせている。これは宗金が多分大友氏の代官として博多の管理に当っていたことを示すものと考えられる。このような商人自身の都市行政への参加は、すでに十六世紀には博多は単なる貿易の根拠地としてだけでなく商人の町としての発展を見せつつあったことを示すものといえよう。

博多の宗金

商人の町

都市として発展した条件

博多が都市として発展した原因については種々の条件が考えられるが、大別すれば地理的条件と歴史的条件とになると思う。すなわち、地理的には、博多の位置は、朝鮮―対馬―博多―薩摩―琉球を結ぶライン、中国―五島―博多―赤間関

―兵庫―畿内市場を結ぶラインの交叉点としての重要な地点に位している。これが歴史的には、大宰府の外港となり、元寇では外敵の攻撃目標となり、室町時代には勘合《かんごう》貿易船の発着地となり、また倭寇の経由地ともなったのである。中世の博多の存在もまたまったくこの地理的・歴史的条件に規定されたものであった。経済的主要地点であるために、いち早く都市としての形態をととのえ、そこに商人＝都市民の生長をみたのである。またこうしたことが、経済的拠点としての博多を重視する守護大名相互間では争奪の対象となったのである。そうして、今度はそれが因となって博多商人の独自の性格を形成していったのである。応仁・文明の争乱から戦国群雄割拠時代の博多の状態は史料的には必ずしも明瞭ではないが、大名相互間の利害の間隙を巧みに縫い、御用商人的性格に堕せず、しかも直截的に営利行為を追究してゆく中世博多商人の基礎的な性格は、おそらくこの動乱の時代を通じて次第に明確化されていったに違いない。

日明貿易の実権が、室町幕府の手を離れて大内氏に握られていた時代は、考えようによれば博多の黄金時代であったともみられよう。明《みん》に渡る船は大抵この地で艤装《ぎそう》し、積荷を調達し、博多商人を乗り込ませ、しかもかなりの期間貿易風を待って滞在するのが普通であった。天文年間二度にわたって入明した策彦周良《さくげんしゅうりょう》の『初渡集』『再渡集』にはこの時代の博多商人と勘合船との関係が、かなり克明に描き出されている。また博多商人神屋宗湛の祖先の神屋寿禎《じゅてい》が大内義興のときに明から銀銅の吹分け法を伝えて、大内領国内の石見銀山の開発に当ったということも(『銀山旧記』『銀山通用字録』『石見国銀山要集』)、大内氏と博多商人の緊密な連繋を物語っているものとすることができよう。もっともこの時代でも博多は完全に大内氏によって握られていたというような状態ではなかったらしい。『恵良文書』には天文九年(一五四〇)の大友氏奉行人が連署した手日記が収めてあるが、それは次のようなものである。

手日記　天文九　七廿八

一博多津浜口事

一香椎《かしい》郷之内宇美新三昧事

一香椎郷之内諸田事

一立花事

一博多祇薗《ぎおん》会事

　　已上

これだけでは大友氏の博多支配の具体的な内容はよくわからないが、ともかく大友氏の力も博多に及んでいたことだけは明らかである。

ところが天文二十年（一五五一）大宰大弐で筑前守護であった大内義隆が、その部将陶《すえ》晴賢の叛にあって自殺してからは博多の支配関係も変った。すなわち古くから博多に拠点をもちながらも大内氏におさえられていた大友氏の勢力が大きく博多支配の中心の勢力となってきたのである。天文十九年二楷崩《くずれ》の変（大友義鑑が義鎮の廃嫡を企て、家臣の津久見氏に殺害された事件）の後家督を嗣いだ大友義鎮《よししげ》（宗麟）は、大内氏にかわって豊前に勢力をのばしてきた毛利氏の勢力と対立した。義鎮は次第に筑前の諸将を傘下《さんか》に収め、博多の支配権も確定化したようである。天文二十三年には肥前守護職となり（『大友文書』）、永禄二年（一五五九）には九州探題職に補され（『大友家文書録』）、筑前・豊前の守護職を獲得した（『大友文書』）。義鎮は永禄五年剃髪して宗麟と号し、七年には筑後の諸城を攻略し（『肥陽軍記』『大友記』）、翌八年には筑前を平定した。

大内探題館と大友探題館

甘木市（福岡県）の加藤新吉氏所蔵の『博多記』は江戸時代中期に撰せられたものであるが、次ページのような博多古図をのせている。これは大体江戸時代前期に作製された中世博多の想像図と考えられる。中には大友探題館があると思えば大内家探題館があり、また太閤道もあるし唐人町もあり、今御本丸（黒田氏福岡城）もあるといった有様で、特定の時代の状態を描いたものでないことは勿論である。

これによると大友氏代官の居館は現在の博多駅と近い点にあったことになっている。

もっともこの地図だけからでは大内氏と大友氏の代官の居館が同時代に存在したものかどうか必ずしも明らかではない（なおこの地図は箭内健次氏の御好意で見ることができた）。しかし『石城《せきじょう》志』は「大内・大友の両氏博多を別《わか》ち領せられし時は年行司と云て一方に六人宛にて以上十二

堺の会合衆に相当する博多の年行司

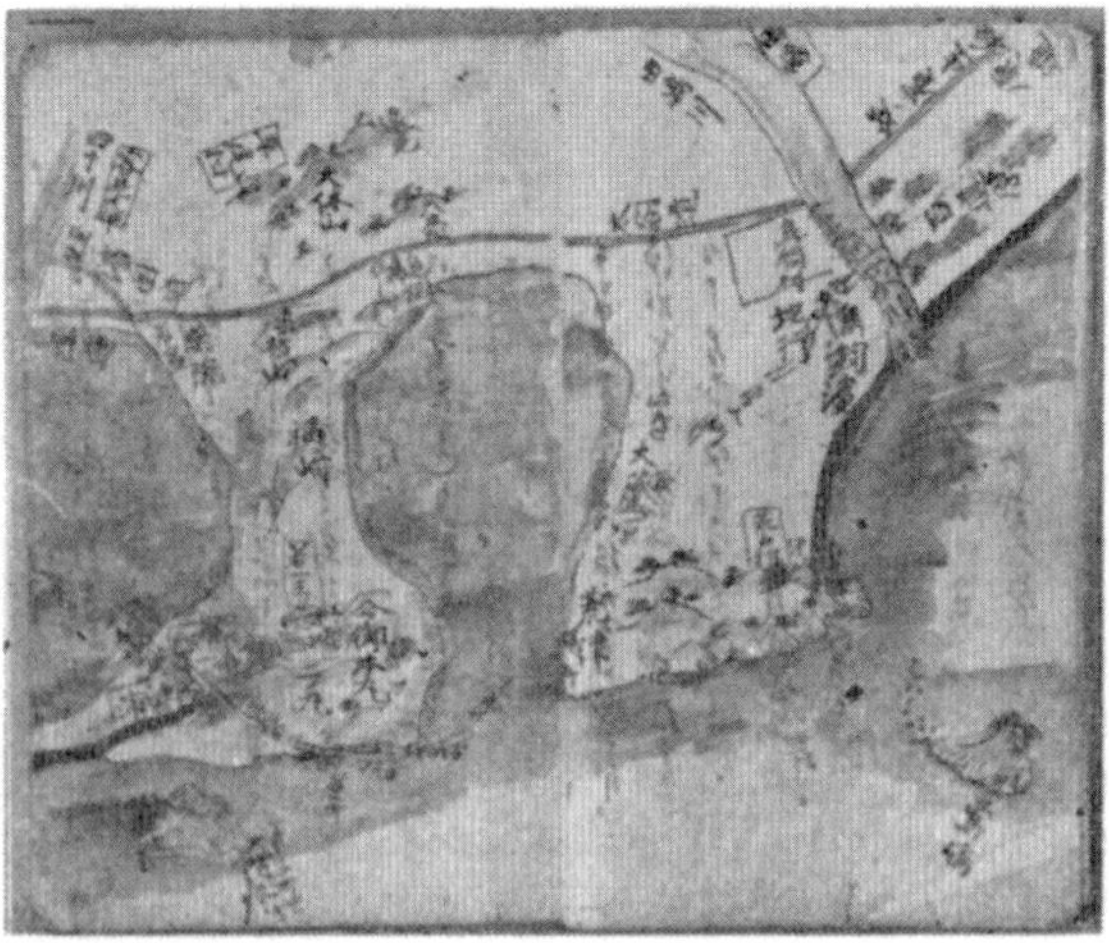

古　図

下方に大内家探題館が見える。甘木市，加藤新吉氏所蔵『博多記』所収。

町人を基礎として作られた国家の如き制度

人あり」という所伝をのせているから、両代官所が併置されていたのかも知れない。

後年ルイス＝フロイス Luis Frois は『日本史』の中で博多のことを、「当時全シモ（九州）を通じて博多ほど富貴な町はなかった。それは総て盛んなる泉州堺を倣《ま》ねて、全く商人を基礎として作られた国家組織（Staatswesen）であったから」としているが、堺がいわゆる会《え》合《ごう》衆等の

博　　多

江戸時代宝暦年間以後に書かれたと推定される。左図上方に大友探題館

キリスト教宣教師の眼に映じた博多

合議によって支配されていたと同様、天正のころには博多も有力商人の合議支配下におかれていたように考えられる。博多の年行司は堺の会合衆に相当する門閥的豪商であったと考えてさしつかえないであろう。

この時代の博多の有様を、当時日本にあって布教に活躍していたキリスト教宣教師の記録についてみよう。一五五七年(弘治三年)パードレ゠ガスパル゠ヴィレラ Gaspar Vilela がヤソ会に送った書翰には博多について、

同地は大きな市にして、他の地方には戦争あれども、稍静謐《ややせいひつ》なるが故に、遠からず多くの収穫(布教の)あるべきを主に於て期待す。同市の富裕なる商人等は戦の起らんとするを見れば進物を贈りて交渉し、嘗て破壊せられたることなし。

とし、当時博多の支配権を握っていた大友宗麟が、宣教師等を大いに歓待したのち、大なる市で、多数の富裕な商人のいる博多に住院を建てることを許可したと

博多市民防禦に当る

門のある都市

報告している。一五五九年（永禄二年）イルマン＝ジョアン＝フェルナンデス João Fernandez の豊後府内からの通信には、この年博多において戦争が起り、パードレ＝バルテザル＝ガゴ Balthezar de Gago が敵の手から逃れる望みのなかった時、多数のキリシタンは彼を救い出すために生命を抛《なげう》とうと申し出て豊後からも救出の兵が出発した、と報告している。戦闘の有様については、豊後の王ならびに執政等の虐政を憤った者約二千人が博多を襲撃した、市の住民は当日防禦したが、同夜坊主が書翰を送って市を敵に引渡し、執政は殺されてしまった、としている。この報告の中には「市の門は閉されて」という文句が出てくるので、博多の町が柵と門とでかこまれていた様子を想像することができる。

このことは同年のルイス＝ダルメイダ Luis d' Almeida の書翰にも見える。そこには、「ガゴが一年間博多に滞在して、キリスト教の布教に当り、すでに多くの収穫を得ようとした時、大友義鎮に隷属する領主が他の領主等と共同して義鎮に叛き、博多の市をかこんでたちまちこれを攻め落した。住民は商人であって兵士でないため、直ちに市内に入り、物を掠奪し、人を捕虜とした。」と記されている。なお博多住民のキリシタン受容について一五六二年（永禄五年）のダルメイダの書翰は、「此市は我が聖教を容るゝに付日本国中の最も頑固なりし所にして、嘗てパードレ＝ガスパル＝ビレラも来りしが、キリシタンとなる者甚だ少数なりき。」としている。後年、島井宗室はその遺言状で、五十歳以前における宗教生活を否定しているが、かれこれ思い合わせれば、博多商人の頑固さの根抵に何があったか大よそ想像できるであろう。

キリシタンに対しては日本中で最も頑固

戦国時代における博多の戦災

戦国争乱の時代のことであるから、富裕なる商人の町博多も戦争から全く孤立して存在することはできなかった。この時代博多がうけた戦火について山崎藤四郎氏は、天文元年・同二年・永禄六年・同十二年・天正二年・同十一年にそれぞれ合戦によって戦災をうけたことを諸書によって跡づけている（『石城遺聞』）。しかしこの不死鳥博多の町は、幾度の戦火にもめげずたくましい復興の努力を重ねた。

一五七〇年（元亀元）のダルメイダの書翰は次のように伝えている。

博多の教会堂

二ヵ月で三千五百戸建つ

豊後の王（大友宗麟）は博多の市の中央海岸に近き所に在る広大なる地所を我等に与へしが、其周囲に八十の居住民ありて毎年八百目を納めたれば、之を以て地所の中央に在りし会堂を維持せり。此市は九年前戦争の為め破壊せられしが、今再び来住する者あり。予は同市に着きて、市の跡は森林となり約二十軒の家あるを発見せしが、其後二箇月を経て再び此所を通過せしに三千五百戸あり、今後四箇月以内には人口一万に達すべしといふ。予は我等の地所を悉く竹を以て囲ひ、当時此所に在りし住民に悉く家を建つることを命じ、地所の管理を一人のキリシタンに托したり。予はキリシタンの村に向ひて出発し、同所に於て八人に洗礼を授けたり。其中一人は博多の市の身分ある人なりき。

一五七九年（天正七）になると博多の戸数は七千を超える復興ぶりをみせたが、

キリスト教の教化の方は遅々として進まなかったらしい。同年パードレ＝フランシスコ＝カリヤン Francisco Carian がヤソ会の総長宛に送った書翰には、

> 此所に博多の市あり。非常に大なる商人の市にして家屋は七千戸以上あれども、キリシタンの数は未だ三百に達せず、悉く異教徒の市なり。然れども豊後の王の治下にあり重要なる地なるが故に、パードレ等は数年前より此所に住院を有し、平常パードレ(神父)二人及びイルマン(修士)一人駐在せり。此地は富みて贅沢なるが故に教化は甚だ緩漫に行はる。

と報告している。これらはいずれも『耶蘇《ヤソ》会士日本通信豊後篇』(村上直次郎博士訳註)に記された宣教師の眼に映った博多の有様である。

中国人の眼に映じた博多

博多の繁栄は中国の記録にも書きのこされている。茅元儀《ぼうげんぎ》の『武備志』は、日本には三津として坊ノ津・博多津・阿濃津があるが、花旭塔《はかた》津はその中津で、地方は広闊《こうかつ》、人煙湊集《そうしゅう》して、中国の海商でこの地に聚《あつ》まらぬものはない、大唐街と

博多商人と倭寇

いう街があり、中国人がここに居留していたが今は皆日本人になっている、博多では間にあわない貨物はない、としている。鄭若曾《ていじゃくそう》の『籌海図編《ちゅうかいずへん》』には、摂津・伊勢・若狭・博多の人は商をもって業としている。その地方の街巷《がいこう》の風景はあたかも中国の富者のようで、各々数千家あり、巨万の富を積むものもある、としている。また倭寇禁止の目的で日本に来たことのある鄭舜功《ていしゅんこう》の『日本一鑑』は、西海筑前博多津の日本人はかつて商をもって業とし、多く貨財を蓄え、積金百万に至る者もある、ところが中国人の密貿易者が博多に潜居し、博多の人を誘導して倭寇となって中国に寇している、としている。具体的内容は明らかにはできないが、おそらく倭寇と博多商人の間には何らかの関係が結ばれていたことであろう。

『筑前国続風土記』に記された博多

黒田藩の儒者貝原益軒の大著『筑前国続風土記』はこのころの博多のうつり変りを要領よく説明している。

袖湊うもる

博多の入海は、いにしへよりもろこし船の来る所にて、袖湊《そでみなと》と号す。近古は大明勘合の印大内家にありて、博多に大明及西蕃の国よりも商船来り集れり。天文二十年義隆其臣陶尾張守に弑《しい》せられし後、勘合の印失ぬれば、翌二十一年より大明の船、日本の渡海やみぬ。此後は博多に異船の来る事なし。其後大友義鎮威勢をふるひし時、永禄二年より豊後府内に異船を著《つけ》たり。かゝりしかば、袖湊もやうやくあせて埋もれ、長政公此国を初て領したまひし慶長五年まで、其間わづかに四十九年なりしが、此時袖湊はなくなりぬ。土地変遷の速なる事かくのごとし。

として、港湾としての博多が著しく不利な条件に移行していった過程を記している。もっとも右に異船の来着がないという記事があるが、後述するように天正十五年にフスタ船が来ていることなどがある。

島井宗室が生活し、行動した時代の博多は大体右のような状態であった。

二　家　系

福岡市の島井家では現在左のような『島井氏家系』と題した折本の系図を伝えている。

『島井氏家系』

∴天児屋根命遠孫鎌足大臣——淡海公——北家房前大臣五十一代朝臣—

—藤原修理亮茂教—

—藤右京進茂昌——藤主計助茂由——藤主税助茂親—

—藤安之進茂豊——嶋井次郎右衛門茂久—藤改島井—

- 藤原姓嶋井徳大夫茂勝（法名虚白院端翁宗室、元和元年八月廿四日逝去）
  - 嶋井徳左衛門信吉 ― 嶋井権平正則 ― 嶋井善兵衛茂武
    - 嶋井善兵衛茂泰
      - 嶋井安之丞茂寿
      - 女子
    - 女子
    - 女子
    - 女子
    - 女子
    - 吉三郎
  - 三四郎信清

系図というものは、そのまま全面的に信用してはならないというのが史家一般

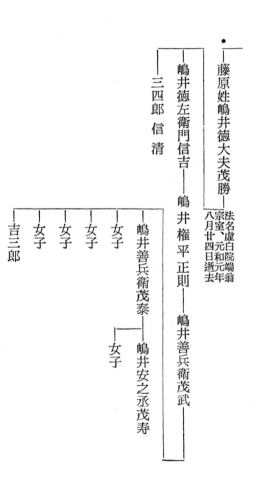

の常識である。『島井氏家系』に対する態度も当然同様でなくてはならない。現在系図という形態をとって存在しているものの大部分は江戸時代に作製されたものである。大名の場合でも寛永年間に江戸幕府が諸家の系図を出させたころに作られたものが多く、その作製を安土桃山時代にまでさかのぼることのできるものはきわめて少ない。商人の系図の場合はなおさらで、系図・系譜・由緒書などの形式で遺されている大部分は貞享年間ころから後のものである。このようなことから考えて、『島井氏家系』も恐らくは貞享ころに作製されたものと考えて大過ないように思う。しかし島井氏の系図の場合は、いわゆる系図買いや系図偽作者によって作られた偽系図とは本質的に区別して考察しなくてはならない。島井家には現在でも宗室時代以来の貴重な古文書を多く伝えており、こうしたものが系図作製の基本的な資料となったであろうと考えられる。もっとも、宗室以前の島井氏に関する古文書は現在島井家に遺っていないが、系図作製当時にもおそらく

『島井氏家系』の特色

なかったと考えてよいであろう。とすれば、右の系図の宗室以前の部分は、博多に伝えられた島井氏の先祖に関する伝聞をもととして作製したか、新たに全く架空の人名を創作して系図に書き添えたかのいずれかでなくてはならない。しかし系図作製の時点ではじめて先祖の名前を作製するというのもおかしなことであるから、島井氏家系の場合は伝聞を整理して多少の粉飾《ふんしょく》を加えた程度と見るのが適当ではないだろうか。

このように考えてくると、宗室以前の島井氏家系は、島井氏の後裔の人びとが先祖をどのように認識していたか、また博多の人びとが彼らの先祖をどのような家柄として意識していたかを知ることができる興味ある史料といえよう。この系図を見てただちに感ずる特色は、(一) 島井氏の先祖を藤原氏北家においていること、(二) 代々藤氏を姓としていること、(三) 名乗り字に茂の字を代々使用していること、の三点である。

島井氏の遠祖は藤原氏であるということ

（一）の島井氏の遠祖が藤原氏北家であるということは一体どのような意味をもっているのであろうか。戦国武将が自家の先祖を飾るために源・平・藤・橘のいずれかを名乗ったことはよく知られている。また織田信長が天文十八年までは藤原姓を署名していたのに以後は平姓を名乗ったのは、彼が京都に進出するに当り、源平交替思想から、足利氏が源氏であるため特に平氏を称したものといわれている（田中義成博士『織田時代史』）。このように氏姓の名乗りは必ずしも血脈を意味せず、むしろ政治的・社会的事情に左右されることがあったのはこの時代の通例である。であるから島井氏の場合も、島井氏が藤原氏の血脈をうけていたと考えるよりは、何かの理由で藤原氏を称していたと考える方が蓋然性《がいぜんせい》ははるかに大きい。ここに考慮しなくてはならないことは、博多商人には藤原姓を名乗る者が極めて多いということである。室町時代のはじめ、博多を拠点とした宗金も、はじめは「僧宗金」と称していたにもかかわらず、後には平然として「藤氏宗金」と名乗ってい

少弐氏と大友氏は藤原氏の出

る。彼が藤原氏の血脈と関係なく藤氏を名乗ったことは、彼の生涯の行動をみれば明確である（拙著『中世海外交渉史の研究』参照）。また彼の子息は宗家茂として、藤を姓とせず、父の道号の一字をあたかも姓のように使用しているが、これも博多商人の氏姓観の一面を示すものとみることはできないであろうか。さて博多は、さきに述べたように長年月にわたって、少弐・大友・大内氏の支配下におかれていた。このうち大内氏は百済聖明王の第三子琳聖《りんしょう》太子を遠祖とするという特異な家伝をもっているが、少弐氏と大友氏とは共に藤原氏北家の出である。武士が主従関係を結ぶ場合、家族的擬制《ぎせい》をとって、被官が主家の姓を称することは往々にして見られたことである。こうした関係から筑前では藤原姓の者の数はきわめて多い。ちなみに『海東諸国紀』の筑前州の条から、藤原氏・藤氏を称しているものをあげてみると、藤安吉・藤原（田原）貞成・藤原（佐藤）信重・藤原定清・藤原安直・藤原直吉・藤原縄繁・藤原（麻生）信歳等がある。島井氏が先祖を藤原としたのも、博多津の要職にある名家としては、少弐氏や大友氏と同様に遠祖を藤原氏北家とするのがいかにもふさわしいと考えたからではなかったろうか。

島井氏の先祖は代々藤氏を称す

つぎに前項と関連して、(二)の島井氏が代々藤氏を称したことについて考えてみよう。博多で藤氏を称したものには、さきにあげた宗金がある。しかしその子孫は宗家茂・宗性春・宗茂信のようにいずれも宗姓を称していて藤姓は称していない。博多で藤氏を称したものにはほかに藤安吉の一族がある。藤安吉は朝鮮と貿易して、朝鮮の官職をうけて中枢に任ぜられ、その母、その弟茂村、その女《じょ》婿《せい》信盈《のぶみつ》等はいずれも藤氏と称して朝鮮貿易に従事した。この宗金家および藤安吉家の系譜はこれ以上のことが明らかでないので、『島井氏家系』との直接の関係は明らかにすることができない。

島井氏が代々茂字を名乗り字にしていたことに対する臆測

ただし(三)のように島井氏が代々茂の字を名乗りの一字に使用しているのは注意すべきことである。宗金家には家茂があり、藤安吉家には茂村がいた。これは、何らかの島井氏と藤姓両氏との関係を暗示するものと考えるわけにはゆかないであろうか。もっとも島井家系の成立事情がきわめて曖昧であり、しかも藤姓両氏の家系が不明なのだから推定はあくまでも臆測の域をでるものではない。しかしこうした臆測は博多商人の系譜を考える場合だけは、かなり許されてもよいように思う。これは近世初頭の博多商人の例からさかのぼって逆推するわけであるが、博多商人の家系はどの家もいちじるしく他の博多商人の血が入りくんでいる。これは当時婚姻関係が同等の商人相互間に頻繁に結ばれていたためである。島井といい、神屋といい、大賀・徳永といってみたところで、それは氏名が異なるだけであって、実態としては、博多商人家とでもいうべき一族の血を分けあった人びとの個々の呼び名にしかすぎなかったのではあるまいか。このように考えると、島井氏が藤原北家から出て、藤を姓とし、代々茂字を名に冠した系図をもつことはきわめて意味のあることである。すなわち、島井氏はみずから代表的博多商人の血脈をうけていることを意識してこの系図を

先祖を語らなかった島井宗室

伝えたのである。

しかしなお注目すべきは、宗室の先祖に対する態度である。いわゆる『島井宗室日記』によると、慶長三年十一月、毛利輝元が宗室に対して「宗室先祖は代々博多に居住しているそうで、また先祖は公家であるそうだが其方は何代に当るか」と聞いたところ、宗室は「尊命ではあるけれども、先祖を取出し物語するのは、恥辱をあたえるのに似たようなことであるからお赦しを願いたい。」と答え、輝元も「これはもっともである、粗忽《そこつ》なことをして誤った。誠に宗室は百万騎の大将の気分が見える。」と感服したという逸話を伝えている。

いわゆる『島井宗室日記』の性格

このいわゆる『島井宗室日記』という記録は、現在福岡市の島井家に所蔵されている冊子本で、江戸時代明和三年(一七六六)以前に撰述されたものと考えられる。内容は、島井宗室はじめ島井家の人びとの事歴を、『島井文書』『宗湛日記』その他文書・覚書・聞書・口碑などを史料として編纂したものであるが、記事の年代や内容には往々誤りがあり、取りあつかいには慎重を要する史料である。
ところでこの逸話は『島井宗室日記』の史料的性格を考えると、おそらく博多巷間《こうかん》の口碑を無批判に書き記したものと考えられ、真偽のほどは明確でない。しかし、先祖の功業によって自己を飾ることを潔《いさぎよ》しとしない博多商人の町人魂とでもいうべきものを充分に読みとることができるのである。

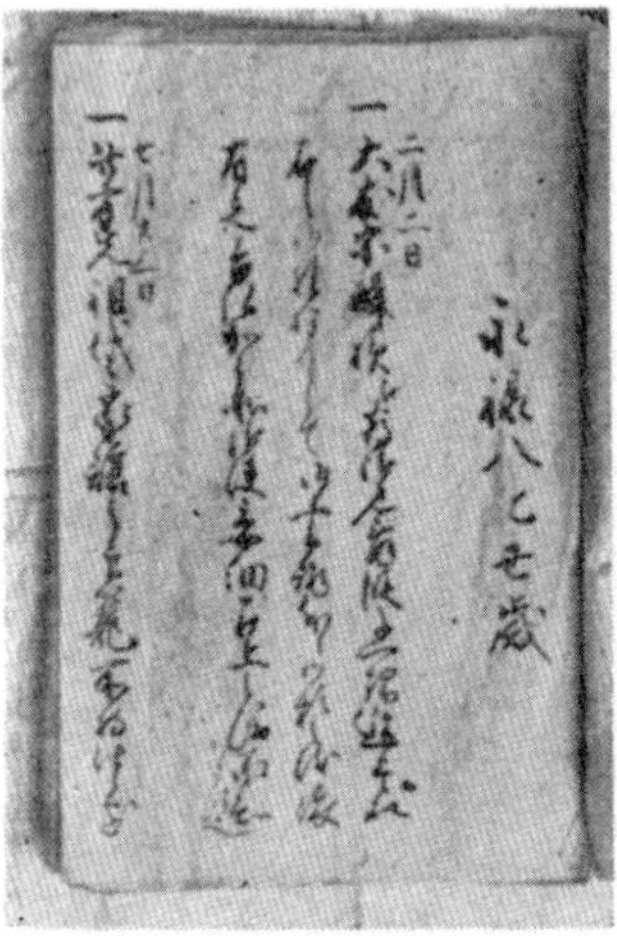
室日記
条である。

先祖を誇らなかった宗室が、極めて整然とした立派な系図の中に位置づけられているということは、一見矛盾したことのようであるが決してそうではない。先祖を誇らぬ宗室であればあるだけ、それは博多商人の代表として最も博多商

『島井氏家系』は理想化された博多商人の系図

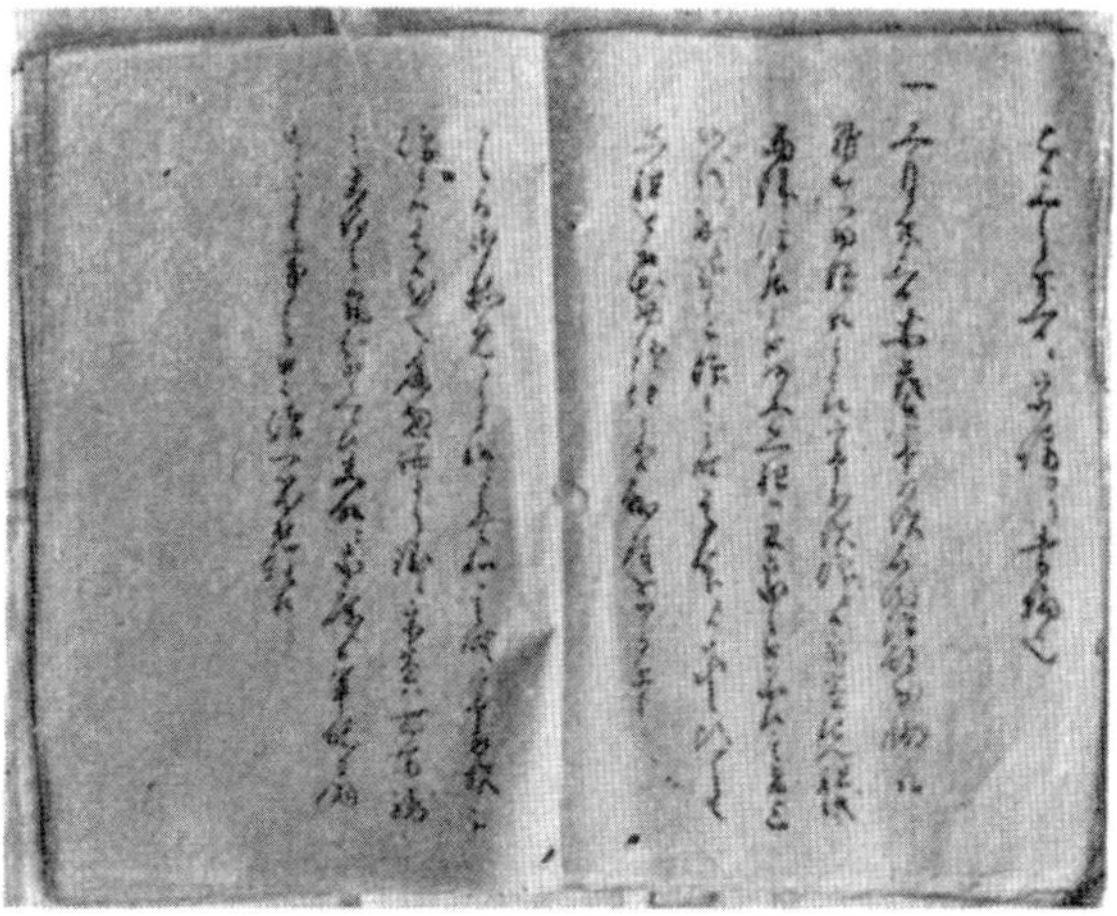

いわゆる島井宗
福岡市，島井静子氏所蔵。　右は巻首，左は慶長三年十一月二十三日

人らしい系図の中に位置づけられなくてはならぬのである。

『島井氏家系』に示された人名や血統は、そのいちいちは、おそらく事実を明確に伝えたものではあるまい。しかし、それは博多商人家とでもいうべき結合体の理想化された系図としてみればその中には多分に真実を伝えた部分もあるということができるのではないだろうか。

三　雌伏時代

島井宗室死去の年

島井宗室生誕の年月は、管見の範囲では正確な史料によって明らかにすることができなかった。しかし死去の年月の方は明確である。それは元和元年(一六一五)八月二十四日である。江月宗玩《こうげつそうがん》の島井宗室の画像に対する二つの賛と、徳隠宗薩《とくいんそうさつ》の『島井宗室墓碑銘』とに明証がある。

行年七十七歳という見解

ところが明治二十五年に江島茂逸・大熊浅次郎両氏が編纂した『商人亀鑑博多三傑伝』は宗室の行年を七十七歳としている。もっともその根拠は明らかにしていないし、この書物には興味本位の虚構もしばしばとり入れられているので、これをそのまま信用するわけにはゆかない。しかしこれ以後の書物はすべて宗室七十七歳死歿説を踏襲《とうしゅう》している。もしこれを何らかの根拠あるものとすれば、宗室の生誕は天文八年(一五三九)ということになる。そうなれば彼が最も華やかな活動をした天正から慶長に至る期間は四十歳から六十歳に至る期間ということになり、かなりの妥当性があるようにも考えられる。このようなわけで、宗室の年齢はおおむねそのくらいであったと考えても差しつかえないようである。

博多雌伏時代の宗室

　宗室の名が中央の記録に見える最初は『天王寺屋会記』の天正八年（一五八〇）の津田宗及茶会の条である。もしこれを、博多の宗室ないし九州の宗室が日本の宗室となる契機の歳であったとすることができるならば、それ以前の宗室は一応雌伏時代の宗室と考えてもよい

『博多三傑伝』の表紙
神屋宗湛・大賀宗伯とともに島井宗室を博多の三傑として賞揚したもの。明治以後今日にいたるまでの宗室の人物像はこの書に負う部分がきわめて多い。

のではなかろうか。

島井宗室の遺言状

　宗室の雌伏時代の生活は直接的な史料では知ることができない。ただ彼が慶長十五年(一六一〇)正月養嗣子の徳左衛門尉に与えた遺言状があるので、それによって宗室の雌伏時代の輪郭を想像してみることにしよう。この遺言状は十七ヵ条からなり、生活の心得を細部にわたって訓誡したものである。特に、四十歳・五十歳に至るまでの生活態度についてはきわめて厳格な、吝嗇《りんしょく》とも思われるほどのいましめが示されていて興味深い。

五十歳以前は宗教無用

　宗室はこの遺言状の第二条で、「五十ニ及候まで、後生ねがひ候事無用候。」として一切の宗教に関係しないように説いている。ただし老人になったら、浄土宗・禅宗などに帰依してもかまわないとしている。「来世のことは釈迦もわからぬと言われている。まして凡人がこれを知ることができようか。五十歳になるまでは仏教ざんまいにふけることは絶体に無用だ。」というのが宗室の子孫への教えであった。中世的な宗教の権威が徐々にその地位を失っていった近世初頭のことではあるが、この時代としてはかなり思い切った発言のように考えられる。もっとも、キリスト教に対しては「日本国中最も頑固なりし所」といわれた博多に育ち、茶道を通じて禅宗に対しては強い親近感をもっていた宗室の言葉としてはある程度うなずけぬこともない。宗室は遺言状の第三条では、一切の賭《かけ》ごとを禁止し、生涯博打《ばくち》・すごろくなどのことは無用であるとし、「碁・将棋・謡曲・舞なども四十歳まではいけない。ただし五十歳になったらしてもよい。」としている。第四条では、「四十歳までは、すこしでもはでやかなことをしてはならない。自身の分際をこえた心持・身持は一段悪いことである。ただ商売と金もうけだけは人にまけぬようにかせがなくてはならない。また五十歳になるまでは逼塞《ひっそく》して人の目に立たぬように暮すべきで、刀・脇差・衣装などでも人の目に立たぬものを用い、四十歳までは、木綿着物とか荒糸・節糸《ふしいと》の織物など粗末なものを用いるのがよい。家も油断なく修理し、壁垣も縄の朽目だけを直すようにし、家屋敷を新築する必要はない。ただし五十歳をすぎれば思いのままにしてよい。」として極端に浪費を禁止している。第五条では、交際のことに言及し、「四十歳までは他人を振舞ったり、理由もないのに他人の振舞いにでかけてはいけない。一年に一－二度親兄弟親類を呼んだり、親類中へ出かけるのはよい。それも頻繁に往来するのは無駄である。第一夜ばなしなどの慰みごとには兄弟衆がよんでも出かけてはいけない。」と物と時間の浪費をきびしくいましめている。

ここに記されたものは宗室が子孫に与えた訓誡であるから、彼自身の雌伏時代の生活としてうけとることは、あるいはいささか無理があるかも知れない。しかし訓誡の中には彼自身の体験を通してはじめて到達したと思われる部分がかなり多く、奮闘の半生をかえりみて、これを子孫に伝えようとする意図が多分にもりこまれていたとみてもよいのではなかろうか。これから読みとられる宗室の前半生は社会環境・家族生活などの何ものからも拘束されることのない、すべての娯楽・趣味・教養、そうしたものを否定し去った、一途《いちず》な目的追求の生活態度である。

一途な目的追求の生活

　では彼が追求した目的は一体何であったろうか。これはおそらく、酒屋・質屋（金融業者）としての産をなすことが彼の目的であったようである。遺訓は、酒屋・質屋としての生活態度を実に微に入り細を穿《うが》って訓誡しているが、これは彼自身がこの道で苦闘し奮励した結果はじめて到達することができた貴重な経験をもとにしなくては当然書きしるすことのできない性質のものである。

酒屋としての訓誡

　遺言状の第七条では、宗室は必要以外の外出を禁じ、第八条では「とかく内計《ばかり》ニ居候て、朝夕かまの下の火をも我とたき、おきをもけし（消）、たき物・薪等もむさとたかせ候ハぬやうに」と注意している。また、塵芥・縄切・木切・竹の折れ・紙くずなども捨てずに利用する方法を示し、燃料を安価に購入する秘訣を説いている。第十条では「酒を作り、しち（質）を取候共、米ハ我とともはかり、人に計せ候とも、少も目もはなさず候て可レ然候」と、酒造には使用人を厳重に監督しなくてはならぬとし、下人・下女にいたるまで、皆盗人と考えるべきだ、とまで極言している。また下人には大麦を食わせよとか、雑炊《ぞうすい》を食わせよとか、これも事こまかに下人使用の心得を説いている。

右の遺言状に示された訓誡は、そのまま宗室青壮年時代の生活を伝えているものではないが、これに近い細心と努力が家業につぎこまれ、酒屋・質屋としての島井家の基礎が確立されていったに違いない。

博多練貫酒

博多には古くから練貫《ねりぬき》酒とよばれる名酒がある。『蔭涼軒《いんりょうけん》日録』の文正元年(一四六六)正月の条には、博多では練緯《ねりぬき》という名酒があり、古来その名が聞えている、としているから、京都方面でもかなり知られていたものとみえる。またこの酒は万里を経、数十日の間を経てもその味が変らぬので、大陸に渡るものもこれを舶載したということである(『碧山日録』)。

『閑吟集』に見える博多練貫酒

うへさに人のうちかつゝねりぬき酒のしわざかや、あちよろり、こちよろ〳〵よろ、腰のたゝぬはあのゆへよなふ。（『閑吟集』）

と歌われたのも博多練貫である。相当にアルコール含有量の多い酒であったように思われる。江戸時代享保年間に書かれた『博多記』によると、練酒とは、その色が練絹のようなので命名されたのだとし、普通の酒は夏をこすと色が変るが、練酒はいつでも色が精白であるとしている。また、小田・篠崎などの家と共に島井・鶴田・大島・柳屋なども醸造していたとしている。これによれば、宗室が精魂を傾けて醸造した酒は実に博多練貫酒であったと想像され、それは京都方面をはじめ広い販路をもった商品であったわけである。

『太閤記』に見える練貫酒

小瀬《おぜ》甫庵《ほあん》の『太閤記』によると、慶長三年(一五九八)の醍醐の花見に用意された酒は、加賀の菊酒・麻地酒、そのほか天野・平野・奈良の僧坊酒、尾の道・児島・博多の煉・江川酒などであったとしている。これは秀吉の天下統一の後であるが、

宗室練酒を秀吉に献上

博多の田舎酒はこのころはすでに日本の酒に成長していることがうかがわれるのである。ちなみに『島井文書』の中にも秀吉が博多練酒を受取った旨の朱印状が収められている。こうした地方酒の中央進出は運搬技術の向上、水運の発達、醸造器具の変化、醸造労働形態の変化などからもたらされたものであるが(小野晃嗣氏『日本産業発達史の研究』)、この発展期の博多醸造業者の一翼に島井氏が位置していたらしいことは極めて重要なことといわねばならない。

酒屋は中世における代表的な富裕階層であった。それは酒屋そのものの利益と共に多くは土倉《どそう》を兼業し、その高利金融によってますます富の蓄積を増大させていったからである。宗室の青壮年時代は、おそらくこうした富の蓄積と増大のための奮闘についやされたことであろう。そして彼の生涯を決定した諸条件はこの博多という地点を占めた富裕人であるという立場から生みだされてくるのである。

四　島井宗室と大友氏および堺商人天王寺屋道叱との交渉

これまで島井宗室の系譜や雌伏時代について叙述してきたが、これらの記述はすべて宗室の死後に書かれた史料から推測したもので、宗室の史料としてはいわば第二義的な材料によって推測したにすぎない。

博多の宗室から九州の宗室へ

現在遺っている宗室に関する最も正確な史料―島井文書―によって知られる宗室の歴史舞台への最初の登場は、大友氏との関係の場である。このことは博多の宗室が九州の宗室となったことを意味するものである。

戦国以来、博多が大友氏と大内氏によって分治されていたことがあったということはすでに述べた。有力な博多商人が、好むと好まざるとに拘わらず、これらの博多支配勢力と何らかの関係を結んだことはまことに自然のなりゆきというほかはない。

毛利氏と博多の町衆

天文二十年（一五五一）大内氏滅亡後は、大友氏の勢力はめざましく、大内氏に代った毛利氏と勢力を争いながらも、博多をその掌中に収めた。特に元亀二年（一五七一）には腹心の戸次《べつき》鑑連《あきつら》（道雪）を博多の東北郊外の立花城に移して、毛利氏に対する防衛と博多津の掌握につとめた。しかし、この間における博多津の動きは、前にも述べたように、堺と似たような独自の町政機構が確立していて、完全に大名の勢力下におかれてその支配をうけるというようなものではなかった。永禄十二年（一五六九）毛利氏が北九州の制覇をめざし、大軍をもって立花城を包囲した際、毛利氏の外交僧安国寺恵瓊《えけい》は博多の町衆に対して塀七十間分の工事を命じている（『萩藩閥閲録』）。これは博多町衆が情勢によって大友氏にも、毛利氏にも協力し得る立場にあったことを示すものである。

神屋氏と大友氏の関係

島井氏と並び称せられる博多の神屋氏の文書によって、天文二十四年（弘治元年、一五五五）神屋亀菊が大友義鎮《よししげ》に官途のことを願い、四郎左衛門を称することを許されたことが知られる。また『田原文書』は、「博多西分地下中」から酒・肴を義鎮に贈ったことを示している。これらによれば大友氏は大内氏滅亡後早くから博多町衆と緊密な関係を結んでいた事情が知られるのである。ところで島井宗室と大友氏との関係は現存文書に見える大友宗麟（義鎮）の花押の形態などから考えて、大体元亀・天正年間のことと推定することができる。

島井氏と大友氏の関係を示す三つの立場

島井宗室と大友氏の関係を『島井文書』の記事内容から分類するとおおむね次の三つの場合を指摘することができる。

博多町政上の有力者としての宗室

第一、博多津支配のため、大友氏が宗室を町政施行上の有力者と認めて関係を結んだこと。

商人宗室

第二、商人としての宗室が、酒屋・土倉によって蓄積した富力を背景に、大友氏に対して多少御用商人的な立場から資金面で関係を有したらしいこと。

第三、数寄《すき》者《しや》としての宗室が、当時の社交上重要な意味をもった茶道を仲介として、一流文化人としての大友宗麟と風流の交わりをもったこと。もっともこのうらには商人としての宗室が珍奇な茶器の蒐集にあたり、また大友氏を通じて堺商人とも連繋するというような面も考えられる。

右の三点はいずれも、青壮年時代の宗室が博多に住居し、博多の有力商人となり、富者となり、その支配者と関係したという、歴史的・社会的事情から帰結された彼の行動であった。しかし宗室は大友氏との関係を通じて、さらに九州の宗室から日本の宗室に飛躍する機会をもつことになるのである。

大友氏と宗室の関係を最も集約的に物語るのは島井家に伝えられた左の文書である。

追而茶巾布《ちやきんぬの》一疋送給《わり》候。毎度御懇意之次第大悦候。玄蕃《(綾部)》允在津之条万事節々可二申承一候間、只今不レ及二多筆一候々々。猶々一儀之事、其方義下国《げこく》候条能々有二見聞一御思惟可レ然奉レ存候。此外不レ申候。

(二)
一、綾部玄蕃允上国砌《みぎり》之細書《さいしよ》具《つぶさに》令二披見一珍重候。
一、御分国《ごぶんこく》中津々浦々、殊津内諸(役脱カ)御免之御書之儀重々申調《ととのえ》、只今差二進之一候。可レ有二御頂戴一事専一候。忝上意候間、拙者迄満足此事候。

(三)
一、風炉無二異儀一下着之次第、重々示給尤《わり》存知候。近日一会可レ被二相催一候哉。御心中察存候。

対馬の梅岩

(三)
一、梅岩事、対州迄帰朝候哉。今月其表へ可レ有二渡海一候歟《か》。千秋万歳候。仍セイタカ出入之儀ニ付而御紙面之続令二承知一候。梅岩心底之趣校量申計《ばかりに》候。

(四)
一、自二其方一被二申下一候段、玄蕃允具《つぶさに》申聞候。於二様躰一者、細砕《さいさい》口上ニ申候間、玄蕃允被二申達一候。

堺の天王寺屋道叱

(五)
一、道叱《どうしつ》事可レ被二罷下一之由、雖下被レ成二御書一候上、未二上着一(マヽ)候哉。近日自レ叱も書状到来候つれ共、右之首尾無レ之候キ。併必可レ有二下国一と楽申事候。叱下着候者宗叱可レ有二御上国一之由是又本望候。

一、(六)津中座敷弥《いよいよ》出来候歟。各執心案中存候。拙者津内へ下向之事ハ更難二事成一候。毎日氈上《せんじょう》ノ猫児《びょうじに》及候間、不レ任二心底一身上、可レ有二御察一候。無二是非一候々々。

一、(七)当殿様(大友義鎮)御一種之御開未二御座一候。於二御興行一者、必可二申入一候。将又道叱一軸之事葉(羽)柴藤吉郎へ者不二相留一被レ返、爰元《ここもと》へも到来候。就中《なかんずく》□□浦上(右カ)□兵衛尉方被レ致二下向一、天下之沙汰銘々令二承知一候。洛中今程平安之由候之間、乍□□事専一候。

一、(八)貴辺御無事之条可レ有二御心安一候。又自二何方一も珍無二御到来一候、信万方(マヽ)今日迄者御静謐之条尤目出候。

一、(九)於二当津中一不慮之篇目出来之通、無二是非一候。但此方載(裁)判中之事候間、閉《とじ》

目《め》之段更気仕(遣)無レ之子細候。併《しかしながら》邪正能々有二御見聞一、玄蕃允へ御密通可
レ為二本望一候。猶期二来便一閣《さしおき》レ筆候。恐々謹言。

九月十九日　(吉弘)宗仭(花押)

宗叱まいる　中給へ

この文書は大友氏の家臣吉弘宗仭《そうじん》(鎮信)が島井宗室に充てた書状である。年代は文中に羽柴藤吉郎の名が見えることと、吉弘宗仭の死が天正六年九月二十七日であることから考えて、天正元年から六年に至るまでのものと推定できる。

右の書状を子細に検討すれば、先にあげた三つの立場を通して、宗室が大友氏と緊密に結びついていた事情を如実に見せられる思いがする。

梅岩は対馬の朝鮮貿易者

この文書で第一に注目されるのは第三条に見える梅岩のことである。梅岩は元亀・天正年間に朝鮮貿易に活躍した人物で、天正年間にはほとんど毎年船を朝鮮に送って貿易している。ときに「日本国日向大隅薩摩三州太守島津藤原朝臣武久」

という名義の銅印を使用して朝鮮と交渉していたこともあった（『朝鮮送使国次之書契覚』）。『島井文書』によれば、吉弘宗仭は梅岩の帰朝をまちわびているような文面にみられるが、これは梅岩が朝鮮から対馬に帰り、やがて博多表にも姿を現わすであろうが、それは大へんめでたいことだというような意味にとれよう。それにつづいてセイタカと見えるのは茶道具の勢高肩衝《かたつき》である。『宗湛日記』慶長十年五月二十五日条には古田重然茶会の時の道具として、「セイ高肩衝ハ、口付筋一、脇ニ帯一、薬土ハ黒シ、ナタレソトアリ、セイ高ク下ホソク肩ハル、袋段子、緒ツカリモヘキ」と記されている。

なお『島井文書』中に十月晦日付で宗室に充てた宗仭の書状があるが、これは前にあげた九月十九日付の宗仭の書状と密接な関係があるように考えられる。それには、

一、従《より》二御屋形様一御誂之一儀之事、両人以二熟談一、至二対馬一被二申越一之由、最

無二余儀一存候。到来候者《はば》、早々注進専一候。是のミ御左右《そう》被レ成二御待一候。随
分御馳走肝要々々。

というように、大友宗麟以下が対馬を通じての貿易の成果を鶴首期待しているような文章が見える。なおこの書状で宗仭は、照布《てるふ》（朝鮮から輸入していた上質の布）・北絹《ほっけん》（黄繭からとった黄糸で製する絹、明からの主要輸入品であった）・紗綾《さや》・天目《てんもく》茶碗・対馬さうけ（さうけは籠の方言である）などを宗室に所望している。このことは、宗室がそうした珍品を調達し得る立場にあったことを示すとともに、そうした舶載品の需給という関係を通して両者が結びつけられていた事情をも語るものである。もともと大友宗麟は外国貿易に並々ならぬ関心を示した大名であった。

大友宗麟は対外貿易に熱心

みずからキリシタン宗を信じ、ヨーロッパとの貿易を奨励したことは有名であるが、明《みん》に対しても弘治年間に三度使を派遣している（久多羅木儀一郎氏「大友氏後期の対明交通」『大分県地方史』五）。府内に唐人町や小物座町があるのも対明貿易への関心が大きかったことを示す証左で

あろう。博多・対馬を通じての朝鮮の貿易品の獲得にも当然重大な関心を持ったであろうことは想像に難くない。

宗室は大友氏と対馬・朝鮮との仲介者

これによって推測される諸点を要約してみよう。

(一) 島井宗室は対馬の梅岩というような人を介して、朝鮮貿易と密接な関係をもっていた。すなわち博多・対馬・朝鮮というルートは極めて緊密なものであり、その枢機に宗室が位置していたという事情が明瞭である。

(二) 朝鮮貿易の貿易品の中にはその頃大名・茶人間に珍重された茶道具も多く含まれていた。

(三) 宗室は、こうした朝鮮貿易を背景とし、茶会を仲介として武将・大名と連絡を持ち得る立場にあった。

天王寺屋道叱と大友氏

宗仭書状の第五条・第七条に見える道叱《どうしつ》のことも重要である。道叱とは堺の天王寺屋(津田)道叱で、茶会記で有名な津田宗達の弟、津田宗及の叔父に当る人物と考えられる。天王寺屋は津田一族による堺の豪商で、三好一族・石山本願寺配下の下間《しもつま》氏・織田信長・豊臣秀吉などと結び、宗達・宗及の時代にはその勢力を著しく発展させていた。家業は明らかにできないが、貿易に従事していたことは確かで、道叱が豊後の大友氏と深い関係を結んだのもその一端と考えられる。また代々茶道に熱心で、その茶会記によれば当代一流の人びとと茶を通して交渉のあったことが知られるのである（『茶道古典全集』八）。道叱が豊後に下った時期は明らかではないが、津田宗及の茶湯日記によれば、永禄十年（一五六七）から天正十年（一五八二）までの間に豊後に下向したと明記した記事が五ヵ所ほどあるし、そのほか豊後の人を同道して茶会に出席している記事もあるから、道叱の豊後訪問はかなり頻繁だったにちがいない。

宗仭書状は道叱が近日豊後に下着するであろうこと、そうしたら宗室も豊後にくるようにと伝えている。また道叱所持の一軸をめぐって豊臣秀吉と交渉があったことを伝えている。道叱の九州下向は勿論本業の商業のためであって茶道のためではなかったであろう。しかし、大友宗麟は道叱の茶道を非常に高く買ってこれを尊重した。のちに天正十五年上洛した宗麟は道叱と共に宗及の茶会に列しているが、これはこの間の消息を想像させるものといえよう。島井宗室と大友氏が結びついた関係も、商売のみとか、茶道のみとかいった単純な結びつき方でなく、可能なルートは双方でことごとく利用し合うといった複雑な方式で結びつけられていたようである。道叱が豊後に下着した後に宗叱が宗室に報告したと思われる十月晦日付の書状(『島井文書』)には、

一、道叱内々之儀無㆓承引㆒候哉。不㆑及㆓是非㆒候。これ不㆑澄《すまず》候者、拙者心態も徒事《いたずらごと》迄候。何とぞ以㆓御才覚㆒一左右《いっそう》待申候。

という文句が見える。「内々之儀」の内容は色々想像することができるけれども、いまそれを明確に指摘することはできない。ただ道叱と宗室の関係、その間に介

在した大友家臣としての吉弘宗仭の立場が、かなり明瞭に推察できるのではないだろうか。

道叱は宗室へ入魂

ともあれ、宗室は大友宗麟から「道叱其方へ入魂《じっこん》候」といわれた程で(『島井文書』)、大友氏を通じての道叱との結びつきは極めて密接であったと考えられるのである。

宗室は道叱の門人か

宗室は文書などには往々宗叱と記される場合が多いが、この名の叱字は道叱の叱字と合せ考うべきであり、あるいは宗室は道叱の茶道の門人であったのかも知れないという考えをしている人もある(松山米太郎氏『評註津田宗及茶湯日記』)。

宗室がやがて上洛して、九州の宗室から日本の宗室に成長する契機も、この道叱との交渉の中にはぐくまれていたのである。この点はさらに後に述べることにしよう。

宗仭書状の第二条・第三条・第六条・第七条・追書《おってがき》などは茶巾・風炉・勢高肩衝・軸物・茶屋などいずれも茶道に関係のある文言で満されているが、こうした関係を通して、博多・豊後・堺の連繫が作り上げられていった過程は見逃すことができないであろう。

宗仭書状の第九条は、博多津内におこった事件について、目下大友方で裁判中であるが、事件に関係あることがあれば密告するようにと依頼したもので、宗室の博多における立場と大友氏の博多支配の関係を暗示するものと考えてよいであろう。こうした大友氏への特別の配慮が、宗室の博多における立場を他の商人とは異なった立場に立たせるようになったのであり、第一条に見える「御分国中津々浦々、殊津内諸（役）御免」というような大友氏の宗室に対する特権の付与という形になって現われたのではないだろうか。

右のほかに宗室と大友氏の関係を示すいくつかの事例を追加しよう。

島井神兵衛入道

無年号九月十九日付で大友宗麟が島井神兵衛入道に充てた書状がある（『島井文書』）。内容は高麗茶碗の鉢の到来を謝したものである。充書《あてがき》の神兵衛入道というのが誰であるか、現存の確実な史料では推定することができない。ただ後世の編纂物である『島井宗室日記』はこれを永禄八年のこととし、神兵衛入道については特に記していないが、宗室としても差支えないような書き方をしている。しかし、この日記の性格から考えると、年代は必ずしも妥当かどうか明らかでないし、神兵衛入道と宗室の関係も明らかでない。神兵衛入道が宗室と同一人物であるのか、あるいは一族中の別人であるかの決定は急いではならないと思う。けれども、茶碗の進上を通じて宗麟と島井氏との間に早くから交渉が持たれていたらしいことは注目しておかねばならぬだろう。

茶道具好きの大友宗麟

大友宗麟は茶器に対して深い執着をもっていた。井上紹悦《しょうえつ》は祖父宗悦が京都珠光の鑑定で百貫で買った茄子《なすび》の茶入を秘蔵していたが、宗麟はこれを五千貫で譲りうけたという（『山上宗二記』『数奇者名匠集』）。宗麟の茶道具好きがどの程度のものであったかはこれによって知られる。宗麟は名器楢柴《ならしば》の肩衝に対しても深い執心を示してい

楢柴の肩衝をめぐる宗麟と宗室の交渉

た。この茶入の形状は『宗湛日記』によると、「ナラ柴肩衝ハ、口付ノ筋二ツ、腰サカツテ帯一、肩丸クナテ候。筋ノアタリニ茶色ノ薬アリ。土青メニ細ク、薬ハツレハ四－五分、底糸切也。ソノ切目ウシロノハタニカヽル。袋ハ白地ノ金ラン、紋テツセン花、カナ地、ヒシ也。裏香色ノ片色也。緒ツカリコイアサキ。」と記されている。また天正十六年の奥書がある山上《やまのうえ》宗二の『茶器名物集』は楢柴の肩衝について、宗二自身はこの壺を見ていないが千利休が雑談の折によく話したところでは、形状は「壺ノナリ下フクラニ聞エ候。薬アメ色ニ一段コク候。薬ケクク ミ候。薬コイト云ヿ《こと》ニナラシバト云心カ」ということであったとし、「此壺数寄ノ方ニハ是ガ天下一歟。」とし、「天下ニ三ツ之名物也。」とも記している。これは楢柴が初花・新田と共に天下三肩衝と称されたことをさしたものである。楢柴が当時の茶人の間に如何に垂涎《すいぜん》の物であったかは想像に難くはない。この名器を手に入れようとして宗麟が宗室に所望の手紙を送ったのもまことに当然のこと

「天下一」の名器

宗麟の所望は自他に隠れなし

であったといえよう。宗麟の執心は、宗麟自身宗室に充てて、十二月二十八日付で、「去年なら柴之儀申候処、其刻《みぎり》相滞候て、于レ今《いまに》無レ曲《きよくなく》候之条、是非成就候様申拵《こしらえ》箇要候。」と申し送っていることや、同日付で家臣の池辺宗元・吉弘宗仭をして宗室に対し、「既御所望之段、自他無レ隠事候間、成就候様、宗叱才覚肝要之通上意候。」と楢柴の譲渡方を催促させ、その条件までも提出している点などから充分読みとることができよう（『島井文書』）。しかし、このような宗麟の熱烈な願望に対しても、宗室は遂に言を左右にして、その希望に応《こた》えることをしなかったのである。

楢柴肩衝と秋月種実

ついでに楢柴の後日譚を記しておこう。筑前の秋月種実も楢柴を熱望したものの一人であった。宗室が種実の要求に応じないならば、強奪しようとする気色《けしき》さえも見せた。それで島井一家の者も心配して、宗室に意見した揚句、宗室もようやく納得して種実方の使者に対して遂に楢柴を渡すであろうことを告げた。宗室は数寄屋において使者を饗応し、これに渡したが、使者が門外に出ると同時に数寄屋を取崩してしまった。かくて種実は返礼として大豆百俵を宗室に贈り、この名器を秘蔵することになったという（『博多記』・桑田忠親博士『戦国武将の生活』）。もっとも貝原益軒の『筑前国続風土記』によると、秋月種実はこの茶入を肥前平戸の松浦氏から金百枚で購入したように記している。

種実楢柴を秀吉に献上

天正十五年の九州役に秋月氏は島津方となり、秀吉の大兵に攻められるに至って、四月四日秋月城を開け渡し、その十六歳になる息女を人質とし、この「日本ニ無二其隠一ならしばと云かたつき」と、別に金百両・米二千石とを献上することとなった。楢柴は当時三千貫の道具といわれた（『九州御動座記』）。この時に種実がその子と共に身命を助けられたのは、ひとえに楢柴を献上したためであると当時もっぱらの評判であったという。楢柴の肩衝は以後秀吉愛用の茶器となり、かの北野の大茶会にも出品されたことが『北野大茶湯之記』によって知られる。秀吉の死後は何時しか徳川氏の手に移ったとみえる。

十七世紀の前半日本在留二十余年におよんだオランダ人フランソア゠カロン Françoys Caron の『日本大王国志』は楢柴について興味ある記事をのせている。それには徳川二代将軍秀忠が死の前にあたって家光以下に与えた次のような訓誡が記されている。すなわち、

徳川秀忠楢柴を家光に伝う

余が有する土地及び財宝は一切汝に帰す。然し余が汝に与へんと欲するものは別にあり。此の箱に納めた日本の古き法律と記録、筆写した格言と教訓、及び帝国の宝物を領収愛重せよ。是等は余が所有にしてまた余が祖先の珍重せし所なるぞ。

あらゆる財宝よりも貴しとされた宝物

あらゆる財宝よりも貴しとせられた宝物は次の如し。

長男、日本の皇帝（家光）には

順慶正宗と称する反《そり》ある刀

左文字と称する同様の刀
豊後藤四郎と称する小刀
楢柴《ならしば》と称し、挽茶《ひきちゃ》を入るゝ小壺
捨児《すてご》と称する大茶壺
安国寺虚堂《きどう》と称する筆蹟（『徳川実紀』寛永九年正月二十三日条には上記六品のほかに「不動国行の御太刀」が記されている。）

とし、次に義直・頼宣・頼房に対する宝物二点ずつ合計六点を記し、「三人の兄弟に与へられた六点は、皇帝に与へられた上記の六点に比し、価値少しと雖も、尚一品黄金の大判千枚即ち銀四万七千テールに値す。」としている（幸田成友博士訳著『フランソア・カロン、日本大王国志』）。これによれば、楢柴は家光のころ、少くとも一万両以上の価値あるものとして尊重されていたことになる。寛永七年（一六三〇）四月十五日、家光が江戸城で催した茶会でも楢柴が用いられたという。しかし、明暦三年（一六五七）楢柴は江戸城で火災にあい、その後この名器も消息不明となってしまった。

宗麟、宗柏所持の絵の斡旋を宗室に依頼す

記述を宗室と宗麟との関係にもどそう。宗麟はまた宗室に依嘱して絵画を需《もと》めたことがある。それは宗柏所持の雪の絵であって、二月二日付で宗室に充てた書状の中には、「何とか以二才覚一可レ被二申調一事肝要候。」「何とか〳〵才覚専要候。従二此跡一申候一儀者不調候共、彼儀者成立候様、故実頼入候。」とか、「尚々彼一幅相調候やうに才覚専一候。」と繰返してその斡旋方を依頼している。宗麟の茶道具に対する執着と、それを手軽に斡旋できたらしい宗室の立場とを見るべきであろう。

宗室が宗麟のために銀を貸したという説

このほか宗室は、折にふれて宗麟に印籠・雪魚・緞子《どんす》・織絹などを贈り、また牛黄《ごおう》の調達方を依頼されていたことなどがあった。『島井宗室日記』天正三年十二月二十四日の条によると、宗麟から銀借用の依頼があり、宗室は以前にも銀を用達てしたが、この時も応じたと記している。もっとも、これに関係した確実な史料がのこっていないので明確なことはいえないが、あるいはそういうこともあったのかも知れない。

とまれ、現存する『島井文書』は、大友氏と宗室との関係を様々な角度から如実に示してくれる。宗室は、分国中の諸役を免除され、さらに大友氏領内諸関の通行を許可され（『島井文書』）、諸種の特権を与えられたようであるが、それは先にのべたような宗室の三つの立場からの両者の交流の結果生みだされたものであったろう。そして大友氏と交渉をもつということは、そこに滞留した天王寺屋道叱などを通じて堺の商人との交渉をもつことであり、やがては宗室の商権の拡大を意味し、上洛の機会さえも恵む遠因となったであろうと考えられる。

肥前の草野鎮永、宗室に所領を充行う

なお永祿・元亀・天正の年代において宗室の関係した大名は大友宗麟のみには限られなかった。天正四年九月二十一日付の文書で、肥前の草野鎮永は、「数年御入魂《じっこん》之首尾、無ニ相違一、今度別而《べつして》被レ副レ心預ニ加力一候事、難レ述ニ舌頭一」という鄭重な文書で宗室に対して六町の所領を充行《あてが》っている（『島井文書』）。『肥陽軍記』によ

竜造寺と伊万里の合戦における恩賞か

ると、この年九月竜造寺隆信は肥前伊万里城の 伊万里兵部大夫治利（家利）を攻め、治利は大村の援けを得て防戦数日に及んだけれども、ついに後藤貴明《たかあき》を頼ったことを示している。『太宰管内志』肥前松浦郡の部を見ると、草野は一名を大村といい、また俗に草野の大村というとある。とすれば、伊万里を援けた大村は、地理的にみてもまた以前からの伊万里・草野の関係からみても、大村純忠と考えるよりは草野鎮永と考えるべきであろう。文書の日付が九月二十一日であるところから考えると、宗室は背後で鎮永のために大いに奔走するところがあり、その忠節に対する賞として所領六町が充行《あてが》われたものと思われる。宗室の行動の内容が分明でないのは残念であるが、武将から所領を与えられるということは並々ならぬことと云えよう。鎮永はなお同文書の末に、「弥《いよいよ》毎事可レ被レ副レ心事、可二目出一候。」と書き加えている。なお福田芳郎氏はこの文書について、宗室は鎮永から土地代官を依嘱されたものだとし、このような土地支配への喰込みは、博多商人にとって、商人資本蓄積への基礎をなしたと同時に、彼らの依拠する都市がいち早く町人による自治組織を形成し得たこととも関連するだろうとしている（同氏「近世初頭に於ける博多商人」『日本大学世田谷教養部紀要』三）。

のちに宗室は筑紫広門や宗義智《よしとし》から誓紙を送られているが、北九州の諸豪族との緊密な関係は、おそらく現存の文書だけからでは想像もできないほどに、深く広いものがあったにちがいない。後年の宗室の行動から考えても、どうもそのように思えるのである。

五　宗室の上洛と本能寺の変

青壮年時代博多にあって勤倹精励貯蓄につとめ幾春秋世に出る日を待ちつつあった宗室にとり、大友氏との交渉、なかんずくそれを通じての堺の天王寺屋道叱との交友は、ついに池中の蛟竜《こうりょう》に昇天の雲を恵む結果となったようである。

『天王寺屋会記』に見える宗室

宗室が京畿方面に現われたことを示す確実な史料は天王寺屋の茶会記である。その最初の記事は『宗及自会記』天正八年（一五八〇）八月二十五日条で、

同八月廿五日朝、宗叱《はかた嶋井》　道叱

一、床　かふらなし（蕪無）、石竹、生《いけ》而、但、手水間《ちょうずのま》ニ花ぬき申候。

一、小板ニフトン、手水間ニ手桶、置合而、後ニ金ノ合子《ごうす》、持出テ。

一、せんかう茶碗、茶桶《ちゃつう》、籠ヨリ取出し而。

津田宗及の茶会に天王寺屋道叱と同席

とあるものである。宗室の京畿地方に出現したことを示す最初の史料が堺の豪商の茶会記であり、しかもそこに同席したのが大友氏を通じて親交を持った天王寺屋道叱《どうしつ》であったということは極めて重要な意味をもっている。これによってみれば、豊後に下った道叱と宗室との交友が彼に上洛の機を恵んだとみることは決して不当ではあるまいと思う。道叱はもともと天王寺屋（津田氏）の一族であり、堺に至った宗室を、自分の甥でもあり、町の有力者でもあり、有数の茶人でもある宗及のところに伴ったであろうことは、けだし当然のことであったであろう。

津田宗達──宗及──宗凡
　　　　　　　　└江月宗玩（大徳寺百五十六世）
├宗閑
├了雲
└道叱

この年宗室は十一月八日に一人で宗及の茶に招かれ、十一月十一日には宗及と一しょに山上宗二の茶席に列している（『宗及他会記』）。また十九日には同じ博多の宗伝や道叱と共に宗及の茶に招かれている（『宗及自会記』）。十二月三日にも道叱・宗及と共に草《くさ》部屋《べや》道設の会に出ている。

天正九年における宗室の行動

翌天正九年になると宗室が茶会に列している記事はさらに多くなる。すなわち五月二十九日には宗室一人で宗及の会に、六月十七日には松江隆仙・草部屋道設と共に宗及の会に、同月二十四日には朝は宗及と共に藪内《やぶのうち》道和の会に、昼は天王寺屋了雲と共に宗及の会に、七月一日には妙法寺の僧本住房と共に宗及の会に、八月六日には宗室一人で同じく宗及の会に列している。特に八月六日には宗及は前年織田信長に召上げられこの月二日に返却された名器文琳《ぶんりん》を宗室一人に覧せている。宗室はさらに十月二十三日宗及と共に本住房の会に、十一月六日には銭屋宗訥《そうとつ》・宗及と共に高石屋卜意《ぼくい》の会に、十一月十日には宗訥・宗及と同道で八尾（大阪府）に赴き城主池田丹後守教正《のりまさ》の席に列している。翌十一日も宗訥・宗及と同道で野

宗及、宗室に名器文琳を示す

宗室各所の茶会に出席し多くの茶人と交わる

『天王寺屋会記』に見える宗室以外の博多商人

宗作
紹安
宗仲

間左吉の会に、十七日には宗及の会に松江隆仙・草部屋道設・重《じゅう》宗甫につづいて立佐（大和屋か）と共によばれている。翌十八日には宗及と共に藪内道和の会に、十九日にもまた宗及と共に塩屋宗悦の会に招かれている。さらに翌天正十年正月二十五日には宗及と共に明智光秀の会に出ている。

こうした頻繁な茶会の記事を見ると、宗室の関係する範囲が道叱・宗及・宗訥といった人びとを軸として堺商人から有力な大名にまで大きくおし広げられていった様子を目のあたり見せられるような気がする。

もっとも博多の商人で上方にのぼり、堺の商人達と交わったのは宗室がはじめてではない。『天王寺屋会記』に見えるだけでも、天文十八年（一五四九）に井上宗悦の子の「はかた宗作」が津田宗達の茶会に出ており、「はかた紹安」は永禄十年（一五六七）から十二年にかけて、宗及・道叱をはじめ宗好・竹くらや紹有・天王寺屋了雲・道巴《どうは》などと茶席に列しており、永禄十一年には「はかた宗仲」の名が見える。宗室の名がはじめて見える天正八年には博多の宗伝の名が見えている。また永禄五年から天正二年にかけて「はかた宗寿」という名がしばしば見えるが、一ヵ所だけ「はかたや」と記したところがある。おそらく宗寿は堺の人で「博多屋」を称していたもので、博多に縁類のあるものと考えられる。このように多くの博多商人の名が『天王寺屋会記』に見えるということは、博多商人と堺商人の連繋は古くから充分にとられていたということを示すものであり、宗室が上方に姿を現わすようになったのも、そうした先輩の商人の前例によったものであろう。

宗伝

宗室上洛の目的

さて、宗室が九州から上方にのぼった目的は一体どこにあったのであろうか。多くの茶会には列しているが、その茶席参加が目的でわざわざ堺にまでのぼってきたと考えるのは不適当であろう。もともと当時の茶会は一種の社交機関としての性格をもったものであった。武家や商人の間に茶湯が流行すればするほどその性格は濃くなったと考えられる。宗室がすすんでこの社交機関に投じていったの

社交機関としての茶会

は何故であろうか。

上洛目的の第一商業行為

目的の第一に考えられるのは商取引である。道叱が豊後に下り大友宗麟を通じて博多の商人と関係をもち、自己の商業行為を推進していったことを考えるならば、逆に宗室が道叱のルートを通じて他の堺商人と連繋をもとうとしたということは容易に考えられる。『島井宗室日記』によると、博多商人としての宗室が対馬・博多・畿内の市場を結ぶ線上に活躍していた模様を極めて明瞭に読みとることができる。

永寿丸朝鮮・博多・大坂間の貿易に活躍

すなわち、永禄十一年条には、「二月上旬永寿丸で朝鮮に渡海、同下旬に釜山浦着岸、三月中旬に京畿道に行き、オランカイ（兀良哈、満洲の間島地方）からの諸品を悉皆《しっかい》買取って五月四日に博多に帰着、六月五日永寿丸で大坂表へ荷物を積み登せ、七月二十三日に帰着、この時は商売の利潤があり気味よく覚えた。船頭・水夫にも褒美として銀子を与えた。」とある。元亀元年条では、「五月二十一日壱岐のカサモト（勝本）から諸品を積送り、贈札引合吟味し、同二十四日に荷役代料勘定銀二十貫八百目を船頭栄助に渡し、九月二日泉州堺アカネ屋太郎右衛門方へ永寿丸で荷物を送った。郡山の和泉屋慶助へ書状を送り近国の武士方へ売りさばくように依頼し、土産として博多産の唐織一反を送った。」としている。天正七年条になると、「六月五日博多を出帆して翌六日に対馬に着いた。この時は朝鮮に渡る心組であったが府中（厳原《いずはら》）に南蛮の商品が数多くあり、朝鮮の商館で買うよりも安いのでこれを購入し、二十一日にめでたく帰着した。ところが亜鉛が日本では払底していたので、大坂表へ積送って売払ったところ、おびただしい利益があった。」と記している。また「同年九月二十五日に博多を出帆、十月五日に兵庫着、翌六日揚陸、大和郡山和泉屋慶助方へ赴いた。その道中でも二―三ヵ所で商談した。数日間慶助方に滞留したが、この節はいつもと違って名所旧跡等を見物した。それから堺のアカネヤ太郎右衛門方に赴き止宿。永寿丸は郡山在宿中に堺に廻し、積荷の商売も済んだので帰ろうと思ったが、太郎右衛門がこの度の仕切銀五十一貫三十目の借用を申し出たので、これを貸して帰省した。」とも記している。『島井宗室日記』は前にも述べたように後世の編纂物で、特に年代などは信用できない部分が多い。ここに引いた文章でも、「大坂表」などという言葉があり、果して、永禄十一年・元亀元年・天正七年という時点で正確にこのような出来事があったかどうかは極めて疑わしい。しかし、記事の内容は余りにリアルであり、全く無稽なこととして捨て去ることもできないような気がする。特に後年の宗室と対馬宗《そう》氏との関係、またこれまで述べてきた対馬の梅岩との関係、宗室と堺商人の交渉などを考慮しながらこの記事を見ると、多分に真実性を含んだ叙述でもあるように思えてくるのである。宗室が『天王寺屋会記』にしばしばその名を見せるようになった前提には、おそらく『島井宗室日記』に語られたような島井氏の商業貿易行為があったと考えてもよいものと思われる。

以上述べた商行為はたしかに宗室上洛の目的の一つであったには違いなかろう。

上洛目的の第二
権力者への接近

しかし上洛の目的はこれにのみはとどまらなかったようである。すなわち上洛の真の目的は権力者への接近ではなかったのであろうか。博多の宗室が九州の宗室となり、やがて日本の宗室となるためには、これは実に必要止むを得なかったことに相違ない。かの織田信長が「天下布武《ふぶ》」の手段としてくずれかかった足利将軍の権威を必要としたように。また自由都市の実権者津田一族も結局は権力者信長と結んで自己の存在を保障し、自己の発展を策するものであったと同様に。

すなわち「信長は其容貌尊大にして騎馬に巧なり。故に衆人皆信長に注目しけり。信長は微笑を含むと雖も其勇気及び位階の尊きを表する所の傲然《ごうぜん》たる体面を失はず、部下の騎兵千人を率ひ、其装飾亦各美麗を極めたり。」(『日本西教史』)と外国人の眼に映じた絶体封建君主信長に接近し、その掩護下に自己のもてる商業的才腕を十二分に発揮したいというのが宗室の真の目的ではなかったのであろうか。

このような観点に立って見た場合、天正十年における宗室の行動は極めて興味深いものがある。まず注目すべきは『島井文書』に収められた次の書状である。

堺の代官松井友閑の書状

宗訥へ申候。平野左兵へ此通申、貴所へ便宜ニ可レ令レ申候。
来廿八日　上様被レ成二御上洛一候。御茶之湯之御道具被レ持、於二京都一被レ成二御茶之湯一博多之宗叱ニ見せさせらるべき由、昨日十八日ニ被二仰出一候。於二御望一者、各同道候て御上《のぼり》尤候。自然宗叱其元ニ被レ居候者、此由申度候。為レ其一筆進申候。恐々謹言。

正月十九日　宮法印（花押）

しほや
宗悦
宗訥
宗及
宗也

床下

この文書について桑田忠親博士は、宮部法印継潤《けいじゅん》が堺衆に充てて、当時堺辺にいた宗室を秀吉の茶会に呼ぼうとしたものであるとしているが（創元社版『茶道全集』五）、この見解は如何であろうか。差出者の「宮法印」は、花押からみても明らかに松井宮内卿法印友閑《ゆうかん》でなくてはならない。松井友閑は織田信長の右筆《ゆうひつ》で、堺の代官格となり、元亀元年四月朔日《ついたち》信長が岐阜から上洛して京都・堺における茶湯名物珍器を覧ようとした際は、丹羽長秀と共にこれを奉行したという（『今井宗久茶湯書抜』『堺鑑』）。友閑がもっぱら信長の側近として活躍したことは諸書の示すところである。宮法印が友閑であるならば、文書中の「上様」は桑田博士のように秀吉と解するよりは信長ととった方が妥当ではないだろうか。秀吉の時代にはこの文書に見えるような内容の仕事はむしろ千利休の領分だったようである。文書の年代は友閑が堺の代官格の時代と思われるから大体元亀から天正の十三－四年ころまでのこととは容易

信長、宗室を京都に招き所持の茶道具を見せんとす

に考えられる。そして「上様」をもし信長としてよいとするならば、文書の年代は当然本能寺の変のあった天正十年以前ということになる。なお『天王寺屋会記』でききに宗室の行動をみたが、正月という時点に宗室が上方に滞在していたことが明確なのは天正十年のみである。宗室と天王寺屋の関係からみれば上方に来ていながら天王寺屋の茶会に出ないということは一寸考えられない。あれこれ綜合して、文書の年代は天正十年と推定しても大過ないのではあるまいか。充書《あてがき》はそれぞれ塩屋宗悦・銭屋宗訥・津田宗及・墸《はなわ》宗也(?)で、堺で有数の茶人である。

さて内容は、天正十年の正月二十八日に信長が京都にのぼり、茶湯を行ない、博多の島井宗室に持参の茶湯道具を覧せるから、希望ならば同道して上京するように、と申し送ったものである。この文書に見られる宗室は、時の第一の権力者信長から、直々《じきじき》に茶道具拝見のために招待された者であることが明らかである。松山米太郎氏は、秀吉の茶はその大部分が天性の数寄から発しているのに対し、信

信長の茶は政略的

長の茶は多分に政略的なものがあったことを指摘し、豪華な茶会はすべて対商人の戦術であり、茶器は恩賞として武人を操《あやつ》る道具であったとしている（松山米太郎氏「信長の茶と秀吉の茶」『芸天』三十四号付録）。信長の茶にこのような特色があったとした場合、宗室が特に指名されて信長の茶席に招かれたということの意味は極めて大きい。それは単に一茶人宗室と一茶人信長の風流の遊びであったとだけ解釈し去るわけにはゆかない。宗室の胸中には権力への足がかりという気持が大きく働いていたに相違あるまいし、信長の心中にも宗室の背後の博多商人群というものが強く意識されていたに違いあるまい。

茶道具拝見は実現しなかったらしい

宗室の宿志、権力への接近はこうして茶湯を介して実現しそうになっていた。しそうになっていた、というものの、これは恐らく実現しなかったのではなかろうか。宗室と同道するように命ぜられた者の一人津田宗及の茶湯日記にこの道具拝見の記事がないのは、その何よりの証拠であろう。『宗及他会記』によると正月二十五日は明智光秀の会があって宗及は宗室と共に出席、二十六日は大徳寺門前で利休の次男少庵の会に出、信長が茶会を予定した二十八日には、宗及は銭屋宗訥・山上宗二と共に坂本で明智光秀と会している。これによれば、この頃宗及・宗訥や宗室が堺を離れて京都方面にいたことが明らかである。恐らくこれらの人びとは二十八日の茶会のために上洛したが、その予定は変更され、博多の茶人はついに信長と接することができなかったのではなかったろうか。もしも予定通りに茶会が興行されていたならば、当然それは宗及の茶会記に特筆されていたに相違あるまい。

さて、この年における信長の行動は、武田勝頼を追討するために三月五日安土を発し、六日岐阜着、この十一日に部下の滝川一益が勝頼を自殺させたので、十四日には信濃(長野県)波合《なみあい》に着陣して勝頼父子の首実検、四月三日には甲府に到り、諸種の論功行賞を行なって二十一日は安土に凱旋している。この間における宗室

本能寺の変と宗室

の行動は明らかではないが、恐らく信長の帰還を待って対面の機を得ようと待機していたのではなかったろうか。ところが五月十七日、中国平定に向っていた豊臣秀吉から来援を求める使者が安土に到着した。信長はみずからこれを赴援しようとし、明智光秀の組下の諸将を動員すると共に、二十九日日野(滋賀県)城主の蒲生賢秀を安土の留守として近臣数十人と共に京都に入り、四条西洞院の本能寺に宿した。この本能寺止宿が光秀に主君信長殺害の機会を与えたわけであるが、宗室にとっても信長に接近するためのまたとない機会であったらしい。「らしい」というのは、たまたまこの時宗室が本能寺にいたということが諸書に見えるが、正確な材料がないままに断定をひかえなければならないからである。

信長の本能寺止宿は宗室に茶器を見せるためであったという松山米太郎氏の説

松山米太郎氏が『評註津田宗及茶湯日記』で次のように記しているのは注目に値する。

信長征途ニ就クニ先ダチ廿九日先ヅ本能寺ニ館セシハ、予《かね》テ博多ノ富賈《ふこ》島井宗室（又宗叱）ニ所蔵ノ名器拝見ヲ求メラレタリシガ故ナリ。信長ノ臣長庵ヨリ宗叱ニ宛テタル六月一日付ノ予告案内書ニ依レバ、数十ノ名器ヲ列記シ、此外次ノ道具数ヲ知ラズ、一々記シ難シ。三日月壺万里江山等ハ大道具ナレバ安土ニ残シ置キ、重テ拝見仰付ケラルベシトアリ。一宿ノ旅館タル本能寺ニ於テ信長所持ノ名品殆ンド数ヲ尽シテ燼滅《じんめつ》セシハ之ガ為ナリ。

本能寺の変の前日廷臣等信長の宿所を訪い茶会あり

右の信長の祐筆楠長諳から宗室に充てた六月一日付の名物茶器三十八種の目録は「仙茶集」にのっている（桑田忠親氏「茶道史より観たる本能寺の変」『国学院雑誌』六三ノ一・二合併号）。山科言経《やましなときつね》の『言経卿記』によると、六月一日、近衛前久《さきひさ》・同信基・九条兼孝・一条内基・二条昭実・聖護《しょうご》院道澄《いんどうちょう》・鷹司信房・今出川晴季・徳大寺公維《きんつな》・飛鳥井《あすかい》雅教・庭田重保・四辻《よつつじ》公遠・甘露寺経元・西園寺実益・三条西公国・久我《こが》季通・高倉永相・水無瀬《みなせ》兼成・持明院基孝・山科言経・庭田重通・勧修寺晴豊・正親町《おおぎまち》季秀・中山親綱・烏丸光宣・広橋兼勝・東坊城《ひがしぼうじょう》盛長・五辻為仲・竹内長治・花山院家雅・万里《までの》小路《こうじ》充房・

本能寺で名器多く滅ぶ

冷泉《れいぜい》為満・西洞院時通・四条隆昌・中山慶親・土御門久脩《ひさなが》・六条有親・飛鳥井雅継・中御門宣光・唐橋在通の公家および僧侶・地下の者少々が信長の宿所に参じて、「数刻御雑談、茶子・茶有レ之、大慶々々。」と記している。また『山上宗二記』には、「セイタカ肩衝」「ツクモ茄子」などの名器が本能寺の火で滅んでしまったと記している。これらから考えると松山氏のいう名器拝見は恐らく実際に行なわれたことであろうし、言経のいう「地下」の者の中にあるいは宗室も含まれていたのかも知れない。それはかの松井友閑の書状に照しても首肯できることである。

『島井宗室日記』によると、宗室は

『博多三傑伝』の挿絵

本能寺の変における宗室と宗湛を書いたもの

島井家の『由緒書』は宗室が事変の当日本能寺にいたとしている

臨機に弘法大師真筆千文字をとり出し博多に帰る

「天正十年二月三日湯治のため有馬に行き、そこで諸国の人びととの話を聞いたが、彗星《すいせい》がでたり、岐阜城に毎夜女のさけぶ声がするなどの噂を聞き、永逗留すべきではないとして帰国、のち信長の死去を聞き、思い合わせるところがあった。」と記し、本能寺の変の折にはあたかも博多にいたように記している。これに対し島井家現蔵の『由緒書』は大体右と同様の話を記した後、「初夏之頃神屋宗堪同道上方ニ登り、六月信長公御茶被レ下候ニ付、本能寺江被ニ罷出居一候処、明智光秀之一乱出来、早々本能寺を引取候節、弘法大師真蹟千字文之軸持帰候而所持仕候。」ということを加えている。これは信長が所蔵していた弘法大師の真筆が滅んでしまうのをおしんで咄嗟《とっさ》の間に持出し博多に持って帰ってしまったというのである。なお『神屋文書』所収の『嶋井家由緒書』は同様に信長他界の節床にあった千字文を持帰ったとし、さらにこの千字文を宗室は後年博多の真言宗東長寺に寄附したと記している。島井家には現在でもこの千字文の模写と一件の由来を書いた一巻が伝わっている。それは文化十一年(一八一四)に書かれたもので、それによると「弘法大師御筆一切経千字文は前半五百字を逸したもので、元禄年中東長寺の寺庫に納められたものである。」としている。もっとも『由緒書』は本能寺に神屋宗湛を同道したと書いているがこれはすこぶるあやしい。『天王寺屋会記』でも、『宗湛日記』でも宗湛が上方の茶人に交わって行動しているのは天正十四年以後であるからである。

当時の大名は商人と関係深し

以上を綜合して考えると、史料の性格などからみて、宗室は事件の当日本能寺に信長と共におったと断定するにはいささか躊躇《ちゅうちょ》を感じる。しかし宗室は本能寺にはおらなかったという確証も勿論ない。ただ、宗室が本能寺にいて信長の重宝の一つを取り出したということは、全く架空のことではなく大いにその可能性があったということだけは明確にいうことができる。もともと、当時の商人は大名とは極めて関係が深く、大名間の情報には精通していたらしい。津田宗及はその

宗室権力者に接近の目的を果すを得ず

『自会記』に本能寺の変の情報をかなり具体的に記しているし、『今井宗久茶湯書抜』も同様である。本能寺の変のとき徳川家康は堺にあったが、伊賀・伊勢を経て岡崎に帰った。その時情報を提供したのは商人茶屋四郎次郎であったという。秀吉が本能寺の変報をうけたのも商人長谷川宗仁からであった(『武家事紀』)。京都の商人亀屋栄任も変報を堺の家康に報じ、伊勢の商人角屋《かどや》七郎次郎は家康の白子《しらこ》(三重県)からの乗船に船を用意した(高柳光寿氏『本能寺の変山崎の戦』)。このようなことから考えて、宗室が本能寺にいたということは歴史事実として少しも矛盾のないことである。

おそらく宗室は信長の死去以前に、宿望の対面を遂げていたに違いない。しかしそれは彼にとっては権力者への接近の第一段階、すなわち茶人としての宗室と茶人としての信長の会見を果したにすぎなかったのではなかったろうか。権力者への接近の第二段階は、当然商人としての宗室と統治者としての信長との交渉として現われてくるべきであったろう。しかし権力者信長と商人宗室の交渉はついに実現することなく終ったようである。こうして九州の宗室が日本の宗室となる機会は一応見送りという形にならざるを得なかった。

しかし宗室の関心は機敏に次の権力者秀吉に切り換えられ、やがて五年後の天正十五年の九州征伐をもってその宿望は実を結ぶことになるのである。

六　宗室の豊臣秀吉への接近

宗室が信長に接近してゆく方途が堺の商人を介して茶人として交渉をもってゆくという方法であったように、宗室と秀吉の交渉もまず茶湯を介してはじめられたようである。その仲介者は千利休（宗易）である。博多の島井家には次のような、利休が大坂から宗室に充てた書状が伝えられている。

追申候。ふくさのきぬ一包十ケ、進レ之候。何ニ〔て脱カ〕も御用之事候ハヾ可レ承候、御ゆかしく候〳〵。
以上。

千利休の書状

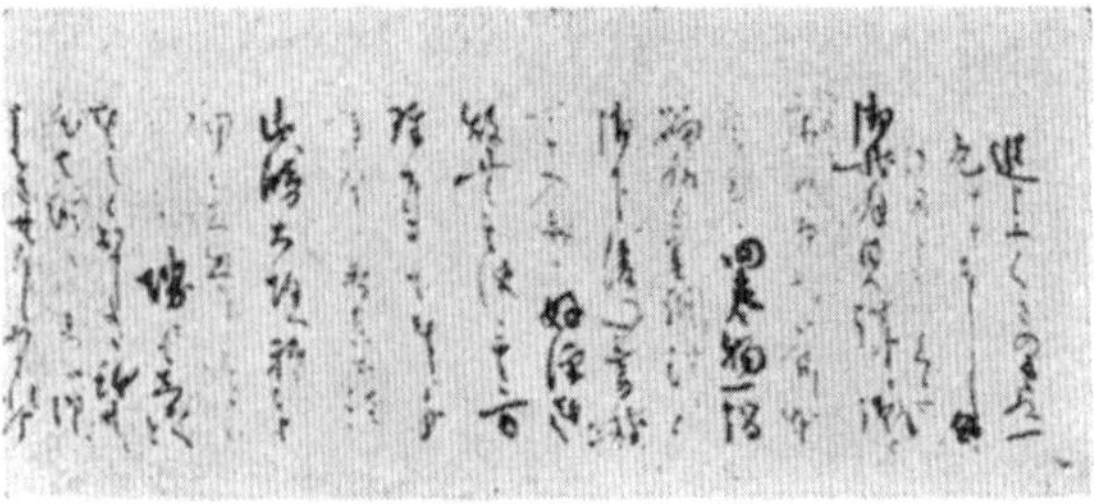

（福岡市，島井静子氏所蔵）

徳川家康初花肩衝を秀吉に贈る

御状拝見、誠ニ御床《ゆか》しく存折節、本望之至候。仍巻物一端贈給候。爰調法ニ候。御下《くだりの》後、以ニ書状一成共可ニ申入一処に、好便無レ之故、無ニ其儀一候。其方珍御事も無レ之候哉。唯今ハ秀吉公従《より》ニ山崎一大坂へ移被レ申候。細々《さいさい》見舞を申事候て、堺ニもしか〱と無レ之候。おかしき躰共ニ候。然者細々秀〔吉脱カ〕公御うはさ共にて候。あわれ今一度御上候へかしと、今より朝暮存儀に候。秀公もゆかしがりにて候。

一、子細候て、宗久(今井)茶入秀吉へ被ニ上申一候。定而各々可レ被レ申候。

一、去年ハならしばの事、度々候つる。唯今ハ初花

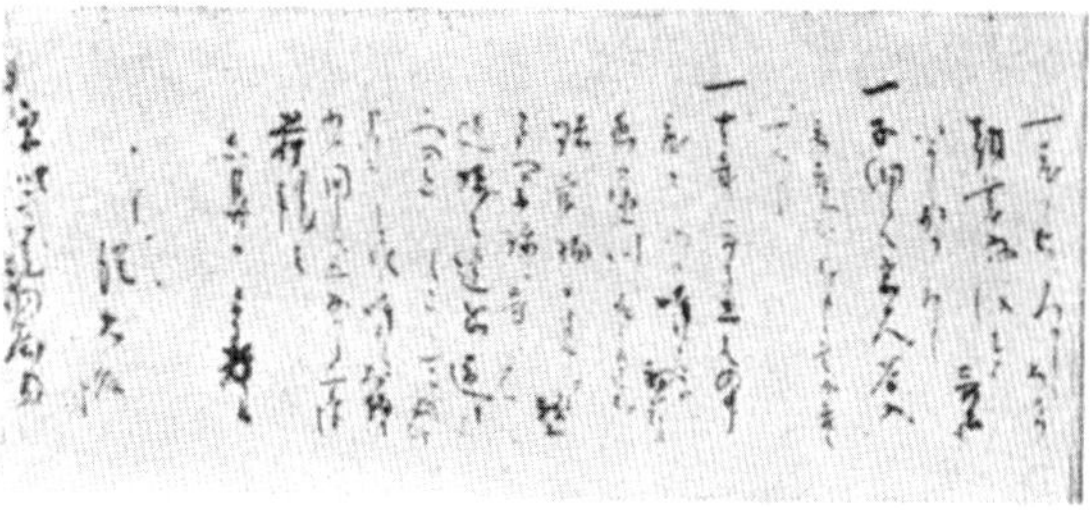

千利休自筆書状

近日徳川殿より来候。珍唐物到来ニ候。我等かたへハ不レ珍候。年来に迄様々迷惑迄に候。人の上にて候ハゞ可レ申物をと申事に候。唯今大坂ニ少用候て、立ながら一筆申候。恐惶謹言。

六月廿日　　　宗易（花押）

「(切封)《うわ書》　　従ニ大坂一

宗咜尊者まいる回答　　易」

この書状に盛られた内容は、利休の宗室に対する返事であり、巻物一反に対する謝礼であり、秀吉を中心とする上方の近況の報告である。「立ながら一筆申候」とあるように早々の間に認《したた》められた書状と思われるが、宗室と利休の関係を知るためには好個《こうこ》の史料と言わなければならない。

文書の年代は天正十一年

文書の書かれた年代は天正十一年（一五八三）である。文中に、近日徳川家康から初花がきたということが記されているが、初花は、さきの楢柴肩衝・新田肩衝と共に天下の三名器として知られた茶入で、天正十一年の五月二十一日、家康から秀吉に贈られたものである（『家忠日記』）。秀吉はこの年四月賤ガ嶽の一戦に勝利をおさめ、破竹の進撃を示して越前北荘《きたのしよう》に柴田勝家を斃《たお》し、信長の後継者としての条件を確立したが、初花肩衝を家康が贈ったのはその戦勝を賀する意味であった。この茶入は秀吉が得意としたものらしく、津田宗及は同年七月二日・十一日の茶会でこれを見て感銘深げに記している。しかし利休はこともなげに「我等かたへハ不レ珍候」としている。

この文書全体から、宗室と利休→秀吉という関係は、勿論茶湯を通じてのものであるが、極めて密接であったことを読みとることができよう。すなわち次の諸点である。

（一）　宗室と利休は常に文通し、また物を贈ったり贈られたりする関係にあった。

宗室は天正十一年六月以前に秀吉と対面

（二）この文書は大坂の利休から博多に帰国中の宗室に充てたものであるが、文面から帰国前すでに両者の間にかなりの親交のあったことが知られる。

（三）利休は秀吉との対話の折、共に宗室の噂《うわさ》をし、また秀吉も宗室をゆかしがり、再度の来訪を待っていた。

（四）右から考えると、宗室は天正十一年六月以前、すでに秀吉との面接をとげていたことが明瞭である。

（五）文書に「去年ハならしばの事、度々候つる」とある。これだけでは具体的にどのようなことをさすのか明らかではないが、先に大友宗麟が熱望した楢柴肩衝と関係のあることに相違ない。あるいは秀吉も、名器楢柴に属目《しょくもく》し、その所有を熱望し、宗室と交渉するところがあったのかも知れない。

利休は北向《きたむき》道陳および武野紹鷗《しょうおう》に茶道を学び、堺の茶人間に頭角をあらわしたが、三好氏の茶会などに呼ばれているうちに中央政界との結びつきをもつように

利休は秀吉の茶堂

なった。信長が足利将軍を擁して京都にのぼると、利休はこれとも接触するようになり、信長の茶堂《さどう》（茶湯のことを掌る役目）として、今井宗久や津田宗及と同じく、三千石の知行を与えられたという（『利休由緒書』・桑田忠親博士『千利休』）。信長の死後は秀吉との関係をもったが、『宗及他会記』天正十一年五月二十四日条に「茶堂宗易」と記されているところから考えると、この時にはすでに秀吉の茶堂にもなっていたらしい。

宗室は利久の門弟

宗室と利休が何時何処でどのようにして関係を結んだかは知るよしもないが、恐らくは堺商人との交遊の間に相識の間柄となり、信長の死後その間隔が急速にせばめられていったのではないだろうか。『古今茶人系譜』には宗室は利休の門弟であったように記されている。ともあれ天正十一年における両者の関係が極めて緊密であったことは、右の利休の文書が充分にこれを物語るところである。

利休と秀吉の関係

次に利休と秀吉の関係を示す好個の事例を示そう。天正十四年四月豊後の大友宗麟は大坂まで出てきて秀吉に会見した。それは島津氏の豊後侵入のことを訴え

大友宗麟の大坂城内見聞録

て秀吉の援助を願うのが目的であった。四月五日秀吉は、宗麟に大坂城内を隈なく見物させた上で、利休に命じて茶を点《た》てさせている。宗麟は、この日の歓待の有様を丹念に筆記して国許の重臣に送ったが(『大友家文書録』)、その中で次のように記している。

豊臣家の内々の事は利休が裁量

秀吉の弟羽柴美濃守秀長を訪ねたところ、秀長は宗麟の手を取って、何事もこのようなわけだから安心されたい、「内々之儀」は千利休が、「公儀之事」はこの宰相秀長が存じているから悪いことがあろう筈がない、と万人環視の中で手を取組んだ。その御懇志はなかなか忝《かたじけな》いことであって「宰相殿(秀長)を頼み候ハでハ」何事もできない。よく〳〵このことを心得てもらいたい、と秀長の好意に感激した有様を書いている。特に利休については「今度利休居士被レ添レ心馳走之様子難ニ申尽一候。永々不レ可レ有ニ忘却一候。」と利休の斡旋をあげ、「此元之儀見申候て、宗易ならでハ関白様へ一言も申上人無レ之と見及申候。」と、利休の秀吉に対する発言力の大きいことを力説している。これによってみれば、当時豊臣家にあっては公のことは秀長が裁量し、内々のことは利休がきりもりしていたということになる。利休の秀吉に対する態度が傲慢であったとか不遜であったとかいうことはよくいわれるところであるが、秀長がいうように利休が豊臣家内の権力者であったとするならば、あながちそれもあり得ないことではなかったであろう。宗麟はさらに秀長・利休に対する感想として、通り一遍に心得てはもってのほかである、とにかく秀長公と利休に対しては、深重隔心なく親密にすることが肝要である、と記している。宗麟ほどの者が秀吉との接触において秀長と並んで利休のことにこれほどまでに心を砕いたのである。

このような立場の利休と宗室が親交を持ち昵懇《じっこん》の間柄であったということは一体どのように解したらよいのであろうか。宗室もまた茶湯を通じて豊臣家の内々のことに深く関係を持つ立場に連なったということにはならないであろうか。秀吉が宗室をなつかしがったというのは先の利休の書状に見えている。宗室が茶匠

神屋宗湛画像

福岡市の神谷宗三氏原蔵のものを，東京大学史料編纂所で模写したものである。

として極めて魅力的な人物として秀吉の眼に映じたことは確かであろう。しかし秀吉が宗室を一茶人または一個人としてみていたかどうかは疑問である。恐らく、秀吉が宗室に対していだいた興味とか好意とかいうものは、宗室が博多の宗室であるという点に根ざしているのではなかったろうか。それは天正十五年九州征伐

秀吉―利久―宗室の関係は豊臣政権―堺商人―博多商人の関係を象徴するもの

の際の秀吉と宗室の関係、また秀吉と博多の神屋宗湛との関係から容易に逆推されるところである。秀吉―利休―宗室という関係は、実は豊臣政権―堺商人―博多商人という関係の具体的表現の一端を象徴的に示したものではなかったろうか。

秀吉が信長と同様に茶道具や茶湯に非常な関心をもっていた一面には、茶湯そのものの境地を楽しむ数寄者の面と同時に茶湯を手段として人間関係を拡大していった実用面もあったことは見逃すことができないのである。

この時期に宗室と並んで中央の茶会にしばしば姿を現わし、多彩な活動を見せるのは博多の神屋宗湛と、同じく博多の宗伝である。天正十四年から十五年にかけて、すなわち九州征伐直前における二人の行動は特に注目に値するが、それは『宗湛日記』に克明に書き留められている。神屋宗湛は宗室とならび称せられた博多の豪商であるが、その先祖の寿禎《じゅてい》は明《みん》から銀採掘の法を伝え石見銀山を開発して巨富を得たといわれ、一族の神屋主計《かずえ》は天文八年（一五三九）の遣明船の惣船頭として活躍した。

博多商人神屋宗湛の上京

『宗湛日記』は天正十四年（一五八六）十月二十八日に宗湛が肥前上松浦郡唐津村を出発したところから書きはじめられている。これは戦乱によって焦土と化した博多を避けて宗湛が当時唐津に居住していたからである。宗湛は下関より舟行して兵庫に着き、十一月十八日に下京四条の森田浄因の所に着き、二十三日上京《かみきょう》の津田宗及の宿に初めて至った。これは宗及が当時秀吉の茶堂《さどう》として上京に屋敷をもっていたからである。ここで博多の宗伝と共に宗及の振舞をうけたわけであるが、これは現存史料にみえる宗湛と宗及の関係を示す最初のものである。二十三日・二十四日は宗及の茶席にあり、十二月三日には三尺の雪中を大徳寺に赴き、古渓宗陳と会い得度《とくど》し、四日には堺に着いた。その時は宗陳と天王寺屋道叱の小姓に出迎えられている。四日・五日・六日・九日・十日は宗伝の会に列している。思うに宗伝は博多の人ではあるが、常時堺に滞在して、茶人としてまた商人として

宗湛、宗伝と共に津田宗及に会う

博多の宗伝

秀吉、宗室所持の一軸を所望

の行動をしていたのではなかったろうか。天王寺屋の茶会記によると、すでに天正八年に「はかた宗伝」の名が見え、以後津田宗及・天王寺屋道叱・銭屋宗訥などとの交渉が記されている。また天正十二年には宗伝は九州に下向し、宗及が餞《はなむけ》の会を催したことも見えている。『宗湛日記』に見える宗伝は多く宗湛と行動を共にして、博多商人としての一面を強く出している。また島井家には利休と宗伝の連署の書状が伝えられている。それは閏《うるう》五月十九日（天正十六年）付のもので、秀吉が宗室所持の絵か墨蹟《ぼくせき》の一軸を所望していることを申し送ったものである。このようなことから考えると、秀吉の側近には堺商人を代表する利休と、博多商人を代表する宗伝とが近侍していたということになる。

『宗湛日記』はこの後宗湛と堺商人との往来を丹念に記しているが、そこには道叱・宗及との関係が濃厚に出ている。これはやはり宗室の場合と同様に博多商人としては最も自然な交際の範囲がそこにあったからだと考えられる。こうして

天正十五年正月朔日秀吉九州征伐の軍令を発す

大坂城の茶会

宗湛、宗及の紹介で利休と会う

天正十四年は堺の茶人との頻繁な往来のうちに暮れ、翌天正十五年を迎えた。秀吉はかねて大友宗麟の請いを受け、九州島津氏の征伐を決していたが、十五年正月朔日《ついたち》、みずから出陣することを決し、出征諸将の部署を定め、軍令を設けて路次に下した(『後編薩藩旧記雑録』)。ついで三日、諸将を大坂城に会して茶湯を催すことにした。このことを宗及より聞いた宗湛は富田左近将監知信を頼って秀吉への紹介披露を申入れてその許可を得た。三日の『宗湛日記』の記事は劇的な宗湛と秀吉の出合いをいきいきと記している。まず三日寅刻《とらのこく》(午前四時頃)大坂城に出仕する途中で、門外で宗及の紹介で千利休に初めて会ったことを記し、その後に次のように記している。大名・小名が徒歩や乗物で城に出頭する有様はおびただしい様子である。午前六時頃堺衆五人と共に出頭した。まず広間に、みなと同様に待っていると、奥から石田治部少輔(三成)殿が見えられて、宗湛一人だけを内に召連れられ、御茶湯の飾りを拝見させられた。その後、またもとの広間に帰り、しばらくして、秀吉特に宗湛を優待「筑紫ノ坊主ドレゾ」

宗湛大名衆同様の食事を給せらる

今井宗久と宗湛のみ許さる

進物を上げ秀吉公との対面である。その後に堺衆の対面がある。すなわち参上して御飾りを拝見せよという御諚《ごじよう》があり、秀吉公の後からみなと同じように拝見していたところ、「筑紫ノ坊主ドレゾ」と秀吉公がお尋ねになられたので、「是ニテ候」と宗及が申上げた。秀吉公は「ノコリノ者共ハノケテ、筑紫ノ坊主一人ニ能《よく》ミセヨ」と仰せられたので、堺衆はみな縁に出、宗湛一人で拝見して、その後また縁に出た。御膳が出た時に、われわれはさがって次の広間にひかえていたが、関白秀吉様の御諚に「ツクシ（筑紫）ノ坊主ニメシ（飯）ヲクワセヨ」と仰せられたので、御前にまかりいで、大名衆と同様に食事を下された。多人数で座敷が狭くなったので、座敷の真中に今井宗久と宗湛が背中合わせで坐った。その他には京・堺の衆とても一人も御前になく、また飲食の給仕をする人も多人数おられたが石田三成殿が給仕され、宗湛の前で御馳走された。お茶の時に、関白秀吉様が立ちながら仰せられるには、多人数だから一服を三人ずつで飲め、順序は籤《くじ》で定めよということ

利休の点前で四十石の茶を飲む

宗湛に対する秀吉の態度は博多商人に対する心情のあらわれ

で、座中の大名は籤を取り、誰々は誰の手前というふうに定められて御茶を召された。その時秀吉公が「ツクシノ坊主ニハ四十石（葉茶壺の大名物）ノ茶ヲ、一服トツクリトノマセヨヤ」と仰せられ、利休の手前で一服下された。井戸茶碗でぬるくたてられていた。また「新田肩衝手ニトリテミセヨ」という御意で拝見した。宗湛ただ一人であった。これが当日の記事の概要である。記事には多分に誇張があるように感じられるが、それにしても秀吉が筑紫の坊主宗湛に見せた態度は決して尋常普通のものではない。京・堺の衆が一人も出席しない食事の膳に、ときめく今井宗久と二人だけで呼ばれたということも秀吉の関心の大きさを示すものと云えよう。こうした厚遇を宗湛一人を対象にして与えられたものと解することはこの場合妥当ではあるまい。正月の元日に九州征伐の軍令が出されていることを考え合わせるならば、秀吉の行動は宗湛を含めその背後にある博多商人全体を意識してのものであったと考えざるを得ないのである。九州征伐断行の決意を機に、秀吉の胸底にあった博多商人の地位は大きくふくれ上ったのではなかろうか。

天正十三年に秀吉はすでに朝鮮出兵を決す

秀吉が博多商人を重視した理由についてはさらに見逃すことのできない一事がある。天正十三年秋には、秀吉はすでに朝鮮出兵の意図を明確にもっていた（岩沢愿彦氏「秀吉の唐入りに関する文書」『日本歴史』一六三）。天正十四年四月十日付で毛利輝元に与えた秀吉の朱印状は、大友宗麟の要請に応じて、九州の処分に関する既定の方針を告げようとしたものであるが、その中には「蔵納《くらおさめ》申付、九州弓箭《ゆみや》覚悟事」という文句と並んで、「高麗（朝鮮）御渡海事」という一句が鮮明に書かれている（『毛利家文書』）。これは秀吉が大坂城に大友宗麟を迎えた五日後のことであった。それからさらに五日後の四月十五日、秀吉は同じ大坂城で、ヤソ会副管区長ガスパール＝コエリュ Gaspar Coello の一行と会見した。この時の通訳ルイス＝フロイスの書翰は、秀吉が一行に城内を案内したのち語ったところを次のように示している。

秀吉ヤソ会宣教師に外征の計画を語る

かくして彼の語つたのは次の抱負であつた。彼が下賤より身を起して最高の

権威ある名を後世に遺さんとす

二千艘の軍船の木材を準備

欧船二艘の斡旋を依頼す

地位に到達したのであるから、其の権威ある名を後世に遺す以外には、最早更に諸国を取らうとも、飽く程有つてゐる金や銀を此の上にも増やさうとも思ふてゐないこと。日本の国内を無事安穏に治めたいと考へてゐること。国内が鎮定した上は、之を弟なる美濃殿（即ち秀長）に譲つて、彼自身は朝鮮と支那との征服に専ら心を用ひるつもりであり、従つてその用意で大軍を渡海さすべき二千艘の軍船を造るために木材を伐採させてゐること。宣教師等に対しては其のため充分に艤装した欧船二艘を得るやうに斡旋を依頼したい、船の代価は勿論、其の必要物の総てに対し望みに任せて支払ひをなす筈であり、付いては練達なる航海士の供給も受けたい、夫れには祿をも与へ報酬の金をも交付するつもりなること。（岡本良知氏『天正十四年大坂城謁見記』）

欧船二艘の斡旋を依頼するなど、秀吉のいうところは極めて具体的であって、外征計画が、この際における単なる思いつきとして語られたものでないことは確

秀吉、宗義調に朝鮮出兵の意図を告ぐ

実である。またこの年四月対馬の宗義調《よししげ》ははじめて秀吉に使を送り虎皮・豹皮等を献じたが、秀吉はこれに対し六月十六日付で朱印状の返書を与えた。これは九州征伐のことを報ずると共に朝鮮出兵の意図を告げて覚悟をうながしたもので、見物を兼ねて筑紫に下るつもりだが、その折には朝鮮出兵の人数をでき次第命令するつもりだから、その場合には忠節をつくすように、と記されている（武田勝蔵氏「伯爵宗家所蔵豊公文書と朝鮮陣」『史学』四ノ三）。宗氏に対する要求がはじめからこのようなものであり、文書の末尾には「利休居士可レ申候也」としてあるが、伝達者が利休であったことも注意を要すべき問題であろう。秀吉は八月五日島津征伐の具体的計画を各方面に指令したが、「秀吉の心境では、中国までも征服したいところ、島津が従属要求に応じないのを、むしろ好機として戦時体制をきずきあげよう」といっている（『黒田文書』）。

多聞院英俊外征の噂を書留む

また翌天正十五年三月一日に秀吉が大坂城を発して西征の途にのぼった際、奈良の多聞院英俊は「事様、高麗・南蛮・大唐マデモ可二切入一ト聞ヘタリ。抑《そもそも》大篇ノ企、前代未聞也」（『多聞院日記』）といっている。これらはいずれも秀吉が、いかに島津征伐を政治的に利用したか、またその効果があがって、国民の関心を対外戦争の方向に高めることに、いかに成功したかを伝えているものといえよう（中村栄孝氏「文禄慶長の役に関する覚書」『名古屋大学文学部十周年記念論集』所収）。

秀吉外征を予測して博多商人を遇す

このように秀吉の胸底で、九州征伐と外征とが密接不可分のものとして存在していたとするならば、博多という地点および博多商人に対する考え方も当然それと関連がなくては考えられない。外征が実行に移される場合を想定すれば、基地としての博多、兵站《へいたん》確保のための博多商人の存在意義の重要性は当然予測されるところである。

秀吉の外征決意と共に、宗室・宗湛・宗伝らに代表される博多商人が豊臣政権内部に占める意義の比重は急速に上昇したということができるのではないだろうか。

七　秀吉の九州征伐と博多の復興

天正十五年三月秀吉大坂を発し九州征伐の途につく

北九州の一角に雌伏し、出でて権門に近づき茶人間にも広い交際の範囲をひろげつつあった宗室に対し、輝かしい一面をひらいたのは秀吉の九州征伐である。

天正十五年（一五八七）三月一日、秀吉はみずから島津氏征討の将兵を率いて大坂を発した。その六日備前岡山に入り、十二日には備後（広島県）の赤坂で足利義昭の出迎えを受け、二十五日には赤間関（下関）に着陣してさらに諸将の部署を定めた。二十九日、秀吉は豊前小倉を経て同国の馬嶽《うまがたけ》城に入ったが、これより先羽柴秀長・黒田如水・小早川隆景は日向（宮崎県）に攻め入り県《あがた》城を抜いた。四月一日、秀吉は筑前の秋月種実を攻めようとして、豊前の要害としてきこえたその居城巌石城（福岡県）を攻めさせてこれを抜いた。四日、種実はついに秋月城を明け渡して秀吉に降伏し

秋月種実楢柴を献じて降伏

たが、その時に差し出したのが例の名器楢柴の茶入であった。秀吉は十日秋月を発し、十六日に隈本（熊本）に入り、二十七日にはついに薩摩（鹿児島県）出水《いずみ》に入り、五月一日には阿久根に至った。ここにおいてさすがの島津氏もついに決戦の意気がくじけ、一色《いっしき》昭秀・木食応其《もくじきおうご》の再度の和議交渉に応じて降伏することとなった。

島津義久降伏

五月三日、秀吉は薩摩川内《せんだい》の泰平寺で島津義久の降伏の報に接して、これを許し、義久に薩摩一国を安堵した。その十八日には戦後の処理を終えて帰還の途につき、八代《やつしろ》・隈本を経て、六月七日には博多から三里ほど離れた筑前箱崎に帰陣した。

秀吉箱崎において九州征伐の論功行賞をなす

ここにおいて諸将の論功行賞をなし、筑前一国と筑後・肥前各二郡を小早川隆景に、筑後三郡を小早川秀包《ひでかね》に、肥前四郡を竜造寺政家に、豊前六郡を黒田如水に、同二郡を森吉成に与え、肥前・筑後・日向の地をさいて立花統虎《むねとら》以下の諸将を移し、松浦隆信と宗義調《よししげ》には壱岐・対馬をそれぞれ安堵した（『大日本戦史』三・参謀本部編『日本戦史、九州役』）。

秀吉が九州役後の経営に当って、博多の近くの箱崎に逗留したのは予定の行動であって、すでに五月十三日には羽柴秀長に書を送り、博多の近くに在所の普請を申しつける旨を告げている(『大友家文書録』)。また六月一日には肥後の陣中から本願寺光佐に充てて朱印状を送り、「筑前・筑後両国は小早川隆景に治めさせることにした。博多津は大唐・南蛮の国々の船着であるから、関白殿下御座所として普請を申しつけ、留守居として小早川隆景を在城させることにする。」と報じている(『本願寺文書』)。なお、秀吉は五月十五日付で加須屋内膳正武則に送った書状の中でも、「博多は大唐・南蛮国の船着であるから丈夫に城普請を申しつけ、朝鮮に派遣する軍隊の人数を計画するつもりである。」と記している(『新編会津風土記』)。これによってみれば、博多築城の意図は、九州経略というよりも、朝鮮出兵の前進基地を構築するという面に力点がおかれていたといわざるを得ない。

秀吉博多に築城を計画

朝鮮出兵の前進基地

右の事情から考えると、博多は秀吉の直轄領となったように考えられるが、この点について『博多記』『黒田家譜』などは、筑前一国を与えられた隆景が自己の城の近くに公領があっては国政も円滑に行ない難いからと願い出て、怡土《いと》郡内の地と替えてもらって博多を領することになったと記している。

秀吉博多の古老に町の復興を命ず

当時の博多は、竜造寺氏と大友氏の合戦が十余ヵ年に及ぶ間に全く焦土と化し、みる影もなかったらしい。秀吉はこの復興を計画し、博多の古老を呼び出し、博多の町を東西南北十町四方に定め、縦横の小路を割り、昼夜兼行で民家を再建するように命じた(『太閤記』)。この時秀吉の意をうけて、博多再建に努力した町の古老が、実に島井宗室であり、神屋宗湛であった。奉行人は往昔の故実をたずね、南北を縦として道を広くし、これに富人の住居を配し、東西を横とし、これは狭くしたという。これは南北の道が大宰府に通ずる主要道路であるという観念から出たものである(『筑前国続風土記』)。

『宗湛日記』にはこの時のうごきが極めて詳細に記されている。当時博多荒廃のため宗湛は唐津に住んでいたが、秀吉の島津征伐について宗湛は薩摩出水《いずみ》にま

秀吉陣中に千利休・津田宗及を同道

で赴いて陣中見舞をした。ついで六月七日には箱崎に到着した秀吉と会見した。この時の仲介者が津田宗及である。秀吉は九州陣に茶堂として千利休と津田宗及を召しつれている。茶湯好きの秀吉のことであるから、この二人を召し連れたとて別に不思議はないのであるが、博多の宗室や宗湛との交渉という場面になるとこの二人の存在はまた異なった意味をもってくる。特に、すでに指摘したように、宗室と利休、対馬宗《そう》氏と利休の特殊関係を考慮に入れると、秀吉が陣中に利休を同道したことが単に茶湯のためであったかどうかは簡単にはきめられない。さらに背後に深い配慮が存していたのではなかったろうか。『宗湛日記』六月十日条によると秀吉は、博多の町跡を検分するため、フスタという南蛮船に乗って博多に行ったこと、船中にはヨーロッパ宣教師二人と宗湛と小姓衆ばかりがいたこと、などが記されている。ルイス＝フロイスの報告によっても、秀吉は博多湾内でフスタ船を望見して、これに乗船し、船中で茶菓の饗応を受け、船中を彼方此方

秀吉フスタ船にて博多検分

と観察して、その構造の巧みなことを賞讃したことが記されている（岡本良知氏『天正十四年大坂城謁見記』）。

町割の奉行

さて十一日には博多町の指図が書きつけられ、十二日から町割《まちわり》がはじめられた。奉行として、滝川雄利《かつとし》・長束《なつか》正家・山崎片家・小西行長等五人が任命された。『宗湛日記』はいま一人の名を逸しているが、あとの一人は博多復興を統《す》べた石田三成あるいは黒田長政であろう。ほかに下奉行が三十人あった。

ジョン＝セーリスが見た復興後の博多

天正十五年から二十六年を経て、この地を通過したイギリス人ジョン＝セーリス John Saris は、復興成った博多の景観について、

博多はロンドン位の大きさ

博多といふのは堅牢な城があつて、それは自然石で築かれて居るが、其の内には大砲もなく、兵士も居らぬ。それは周囲に深さ五尋《ひろ》、幅その二倍位の壕があり、跳橋《おどり》があつて、修理がよく行届いて居る。（中略）此の市はロンドンの城壁以内のロンドン位の大きさに見えた。家屋は大層よく建築され、平

らであるから、市街の一端から他端まで見通される。こゝは人口甚だ稠密《ちゆうみつ》で、
人々は甚だ穏和丁寧である。（村川堅固博士訳『セーリス、日本渡航記』）

と記している。博多がイギリスの首都ロンドンに対比されているのは興味深いことである。セーリスが記した町の周囲の壕について貝原益軒は、

房州堀

又南の方の外郭に、横二十間余の堀の跡ありて、瓦町の西南のすみより辻堂の東に至る。是南方の要害の固《かため》なり。其土堤今もあり、此堀を房州堀と号す。臼杵《うすき》安房守鑑賡《あきつぐ》といひし人ほらせたる故なりといふ。然れば元亀天正の比《ころ》、始て掘しなるべし。或は其前大内家守護の時よりも、此要害有しを、臼杵氏修補せしにや。いまだ詳《つまびらか》ならず。（『筑前国続風土記』）

とし、宝永年間にはすでにその壕も多くは埋もれてしまったと記している。

復興された地域

天正十五年に復興された博多の市街の地域は、西は那珂川を堺として後世の福岡とならび、東は石堂川（比恵川）をへだてて千代の松原に接するものであった。

後世博多の発展につれて地域は北の海の方に向って膨張《ぼうちょう》していったが、東西の幅は大体この時に定められたもののままでほとんど増減がないといってよい。しかし戦火で荒廃する以前の博多の地域について中山平次郎博士は、この両川にはさまれる範囲に限られたものだけではなく、後の福岡地区をも含んでいたものではないかと推定している（同氏「豊臣秀吉再興以前の博多市街の地域に就て」『歴史地理』二十五ノ六）。

博多町割間杖

町割に用いられた間杖《けんじょう》は神屋氏に伝わり、戦前は福岡市奈良屋町の豊国神社に納められていたが、次のようなものである。

　旹天正十五年丁亥林鐘中旬四日壬申除博多町割吉辰　宗湛

虫喰の甚だしい松材で、高さ六尺五寸五分、幅一寸三分五厘、厚さ七分五厘であったが、戦災により焼失した。

秀吉博多津内に定書を出す

博多の復興に当り秀吉が下した定書《さだめがき》は、博多山笠で有名な櫛田神社に伝えられているが次の通りである。

定　筑前国博多津

諸問・諸座停止

一、当津にをゐて諸問・諸座一切不レ可レ有之事

諸役免除

一、地子・諸役御免許之事

廻船保護

一、日本国津々浦々にをゐて、当津廻船、自然損儀雖レ有レ之、違乱妨不レ可レ有之事

一、喧嘩・口論於レ仕者、不レ及二理非一、双方可二成敗一事

一、誰々によらず付沙汰停止之事

一、出火・付火、其壹人可二成敗一事

一、徳政之儀雖レ有レ之、当津可レ令二免許一事

一、於二津内一諸給人家を持儀、不レ可レ有之事

一、押買・狼藉停止之事

右条々、若違犯之輩於レ有レ之者、忽可レ被レ処二罪科一之由候也。

天正十五年六月　日　　(秀吉朱印)

ここにみられるものは秀吉の徹底した博多津の商業保護振興政策である。問丸《といまる》・座の存在を否定して町民が誰でも自由に取引することを許し、地子・諸役を免除し、博多津廻船を特に保護した。さらに注意すべきは出火・放火の罪についても連座制をやめ、また徳政を免許し、給人すなわち武士の住居を否定した。これらはすべては博多津の復興に直接に結びつくものであった。

宗室・宗湛表口十三間半の屋敷を許さる

博多の再興に当り、宗室と宗湛とは特に表口十三間半の屋敷を許され永く町役を免ぜられることになった。このほか末次宗得・高木宗善・高野宗仁・勝野了浙《りようせつ》・鶴田宗悦などもそれぞれ屋敷を許された(『博多記』『石城志』)。なお『島井家由緒書』はこの屋敷の広さを表口三十間・入三十間であったと記しているが、表口十三間半・入三十間が正しいのではなかろうか。宗室・宗湛の二人が特例をもって遇せられた事情はこれによっても明らかであろう。これは反面二人が豊臣政権の強力な支援に

貝原益軒の宗湛の屋敷に対する感想

島井氏旧邸

福岡空襲以前まで上浜口町にあった島井氏の屋敷で，宗室以来のものであったという。図は戦災前の屋敷を奥村武氏が画いたもの。

よって博多津内の地位を確固たるものにした証左であったともみることができるであろう。

宗室の屋敷と同規格の宗湛の家について、貝原益軒は「さばかりの富人の、天下の主（秀吉）を屈請《くっせい》せし家なれど、いと矮小《わいしょう》なる家居也。今は国君（黒田氏）・郡司を請待すとも、甚狭かりなん。是をもて其比《ころ》は猶古代質朴の風有し事をしりぬ。」（『筑前国続風土記』）とさかんにゆかしがっている。

宗室の屋敷は上浜口町にあり、黒

島井宗室邸址の博多煉塀

島井氏屋敷址にのこる博多煉塀，およびその部分。瓦礫をぬりこめて塀とした有様がよくわかる。（奥村武氏提供）

田氏統治の時代になっても、秀吉の先例によって「表口拾三間・入貳十八間」の屋敷として公役を免除されていた。ところが享保二十年(一七三五)になって島井久左衛門がこの屋敷の一部を売り払ったため諸役をかけられることになった。寛保三年(一七四三)久左衛門は再びこれを買いもどし、また元の特権を与えられることになった(『島井文書』)。この屋敷は永く伝えられたらしいが、惜しくも福岡空襲の折に烏有《うゆう》に帰した。ただ福岡市の奥村武博士の好意で、同博士がスケッチした戦前の屋敷の絵を送られたので、それをここに掲げておく。現在、同地に立てば、そこには

博多煉塀

福岡市の史跡指定の標識こそは立ててあるものの、屋敷にめぐらしてあった博多煉塀の一部が空しくその残骸をとどめるのみである。博多煉塀については、石あるいは瓦を横に並べて土に築込《つきこ》んだもので、その発明者は神屋宗湛であったという伝えが残されている(『石城志』)。

宗室町

ちなみに『石城志』によると、東町の一帯は宗室がはじめて居住した所である

ため宗室町ともいわれたと記している。

宗室・宗湛と共に屋敷を許された商人達は恐らく博多年行司《ねんぎょうじ》をつとめた人びとであったろうと思われる。

年行司は十二人ないし十六人

年行司は大友・大内分治時代から十二人に定められていたが、秀吉のころも十二人か十六人くらいであった。慶長二年（一五九七）の文書には「十六人の年寄衆」という言葉がみえている。年行司は博多自治の象徴であったが、平生他行するには馬

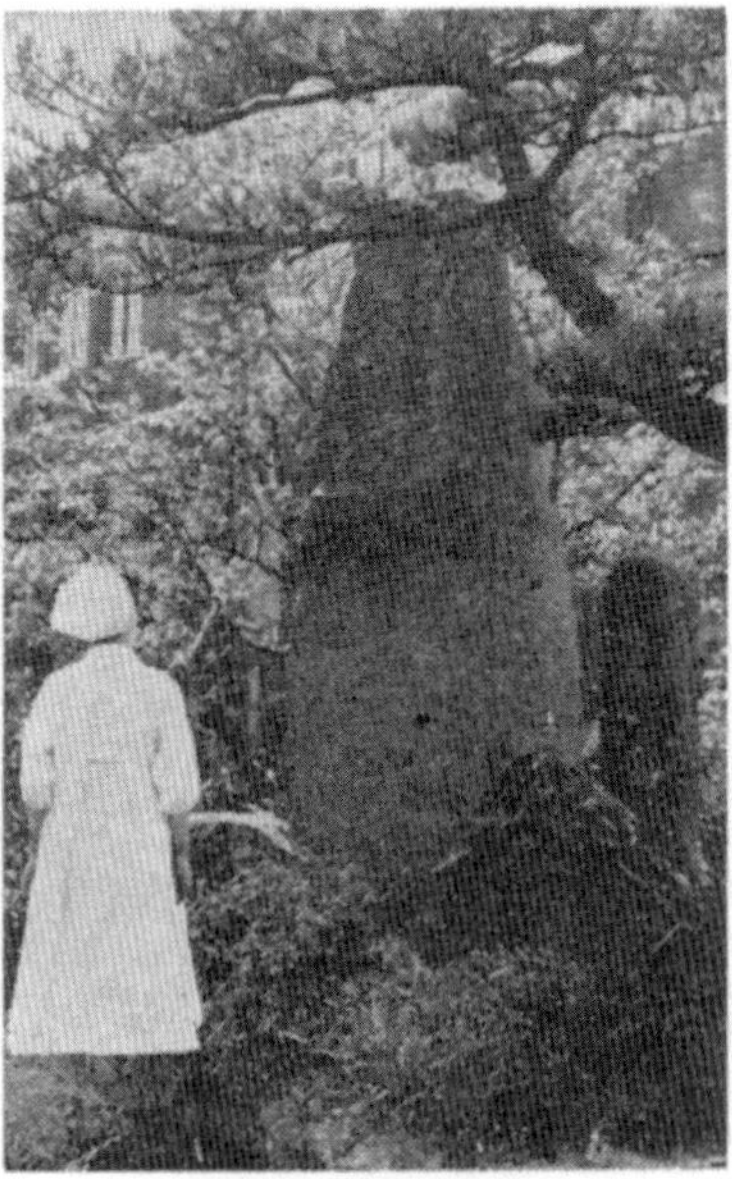

利休居士点茶地の碑

千代の松原といわれた所も今は人家が建ちならび，利休が茶をたてたと推定された地点には九州大学医学部が建っている。碑は九大医学部山岡内科の前庭にある。（奥村武氏提供）

利休・宗室・宗湛の茶会

『筑前名所図絵』の挿絵

奥村玉蘭著『筑前名所図絵』に収められた挿絵の一つで，神屋宗湛が秀吉に千代の松原で茶を献じているところ。「函林松下神屋宗湛献茶於殿下」と記してある。（奥村武氏提供）

に乗り、挾箱《はさみばこ》を持たせ、従者数人をつれて徘徊したという（『石城志』）。

宗室・宗湛は秀吉の意を体して博多復興に専念する一方、またしばしば茶会に列して秀吉およびその側近との交わりをあたためた。『宗湛日記』についてそれをみよう。六月十三日箱崎において津田宗及の会あり、それは秀吉と相伴衆《しょうばんしゅう》として施薬《やく》院全宗と小寺休夢を招いたものであったが、この茶湯のあとの跡見に斯波義銀と宗湛が列した。翌十四日は箱崎

秀吉、宗室・宗湛に鴫の肩衝を示す

八幡の燈籠堂で、千利休の茶湯があり、宗湛・宗室と、同じ年寄衆の一人柴田宗仁が列した。十九日、箱崎の陣所の秀吉の会に宗湛・宗室二人が招かれた。夜のほのぼのと明ける頃、箱松の下を通り数寄屋の撥木戸《はねきど》まで行ったところ、関白秀吉様は障子をおあけになり、「ハイレヤ」と声高《こわだか》に御諚《ごじょう》になった。まだ暗いので座敷の中もよく見えない。さて上座の押板には文字の軸が懸り、その前に桃尻《ももじり》の花入にえのこ草がいけられている。関白様は内より出られて「茶ヲノマウカ」と御諚になり、鴫《しぎ》の肩衝を四方盆にすえ、お茶をたてられて後、この肩衝を御手にもたれ、両人を近く召し寄せ、「是ヲ見ヨ、此薬有ユヱニ、シギト云ゾ」とおっしゃった、というのが日記の記事である。茶湯を通して両人に示した秀吉の態度が親愛に満ちたものであったことが了解されるのである。二十五日には箱崎赤旗にて茶会。これにも宗湛が列席した。またあるときの茶会の後に、秀吉は袴《はかま》をぬいで連歌を「一折センヅカ」と言い出して、宗及・小寺休夢などと共に連歌を興

行したことがある。このとき休夢が、

たてならべたる門のにぎわゐ

という下の句を作ったのに対し、秀吉は、

秀吉の句「博多町幾千代までやつのるらん」

博多町幾千代までやつのるらん

という上の句を付けた。一座のものは、この句を是非博多の者共に聞かせたいと、賞讃したので、秀吉は上機嫌であったという。

博多商人の気概を示す宗室の逸話

なお『島井宗室日記』は博多滞在中における秀吉と宗室の関係を語る極めて興味深い逸話をのせている。それは六月十九日条に記されたもので、次のようなものである。

宗室は「武士ヨリ町人宜候」

関白秀吉様の茶会に宗湛と宗室が列席した。会が終って関白様は、宗室は武士と町人のどちらを希望するかと雑談された。宗室は、「御台命ではあるが、武士よりも町人がよいと思います。」と答えた。また関白様より「何か望みはないか。」

宗室博多湾一帯を希望す

「武士ハ嫌らひ」

と申されたので、「有難い仰せですから申し上げます。」と、宗室は、西北の沖を指さし、「あれに真砂地がつづいて見えるのは奈多から志賀島まで三里つづく海の中道という所ですが、中国の書には白砂途と書いてある由です。さて、その見え渡る所から内海を拝領致したい。」と申し上げた。その時台命には、「能《よく》も坊主望《のぞみ》たり。然らバ武士ニ成ルか。」と申された。宗室は「武士ハ嫌らひ」の由を返答申し上げたところ、関白様は「然らバ、其方望ハ時節可レ有、楽ミおもひ候へ。此節ハならぬ。」とお笑いになった。

この話は『宗室日記』の性格から考えて、そのまま史実としてうけとるわけにはゆかない。しかし、ここには宗室を理想像とする後世の博多商人の夢が託されているのである。時の最高権力者を目の前にして「武士ヨリ町人宜候」とか、「武士ハ嫌らひ」と実際に宗室がいったかどうかは別として、こうした気持、こうした気骨は、博多商人に共通した感情であったに違いない。そして、こうした感情が宗室をいよいよ理想的な博多商人の人間像として仕立てていったように思えるのである。

秀吉の箱崎滞在は六月七日から七月一日まで一ヵ月近くに及んだ。この滞在の目的はいうまでもなく、第一には九州征伐の戦後処理であり、第二は博多の復興であった。

秀吉キリスト教禁令を出す

なおこの地において六月十九日付で、キリスト教の禁止、宣教師退去の命令が出されたことも豊臣政権の性格を決する上で極めて重要なできごとであった。しかしそれと並んでさらにそれらよりも重要なことは、朝鮮出兵の準備がこのときすでに着手されていたことである。博多の復興も実はその伏線をなすものであったが、対馬宗氏との交渉は具体的にこの問題にふれたものであった。このことについては項を改めて考察することにしたい。

秀吉の凱旋と北野大茶湯

秀吉は七月二日博多をたち長門赤間関に至り、十四日には海路で大坂城に凱旋した。そして、その十月一日から十日間の予定で、北野の大茶湯《おおちゃのゆ》とよばれた大茶会が挙行されることになった。これは秀吉所持の名物茶器を残らず揃えて数寄執心の者に見物させる目的で、若党・町人・百姓以下によらず、釜一つ、つるべ一つ、のみ物一つ、茶なきものはこがしにても苦しくないから持参せよ、という開放的な茶会であった。座敷は松原のなかに畳二帖をしつらえ、一番関白秀吉、二番千利休、三番津田宗及、四番今井宗久の四組に分け、それぞれ牧渓《もっけい》の画幅や、新田肩衝・楢柴肩衝・初花肩衝・高麗茶碗・尼子天目・曾呂利花生《はないけ》・小霰釜などの名器で席を飾った(『北野大茶湯之記』)。当日は堺をはじめ全国から数寄者が集まり、茶亭の数は千五百におよんだという。ところが、折から佐々《さっさ》成政の領国肥後に一揆がおこったという報道があって、十日間の予定は急に変更され、茶会はただの一日催されただけで終ってしまった。そのため神屋宗湛は、この茶会に列席を予定して上洛しながらついに間に合わず、参加できなかった。『宗湛日記』はその時の

神屋宗湛上洛するも茶会に間に合わず

北野大茶湯に対する林屋・村井両氏の見解

事情を次のように記している。すなわち、十月一日に北野で大茶湯を催すから宗湛に上京するようにという秀吉公の御朱印状が、津田宗及老の取次ぎで飛脚によって九月十七日に届けられた。それは九州からは宗湛がただ一人参加することになっているから必ず上京するようにというものであった。その時は博多の屋敷の草をけずり仮屋を建てたばかりで、上京し難かったのであるが、二十二日には博多を出立し、十月四日大坂着、八日に京にのぼり聚楽第についた。その日、宗及の取合せで秀吉と対面した。秀吉公は「カワイヤ、ヲソク《（遅）》上リタルヨナ、ヤカテ茶ヲノマセウツヨ」と仰せられたので、忝けない旨お答えした。

この大茶湯の際の秀吉の心境について、林屋辰三郎・村井康彦両氏は次のような注目すべき発言をしている（「北野大茶湯之記解題」『茶道古典全集』六所収）。すなわち、茶湯の際秀吉が堺衆を一所にかこい置いたこと、茶湯後の秀吉の宗湛に対する親愛感の表現などをあげ、「このように考えると、この大茶湯の会の前後には、すでにつかいつくした

秀吉堺商人に代って博多商人を重視

堺に代って、博多を重視し、やがて朝鮮・大明への構想をねっていた秀吉が浮び上る。堺の影がうすくなることは、同時に利休の影のうすくなる時でもあった。利休が演出し堺衆を動員した大茶湯が、一日で中止になったことにも、肥後の一揆ということの外にそんなことも感じとられる」としている。実はこれは両氏の大胆な推断であって確実な史料をもとにしたものではない。しかし、これまでみてきた秀吉のうごき、博多衆の動静などから考えると、両氏の推断は極めて示唆《じさ》に富んだ、説得力をもった見解として聴くことができるのである。秀吉の心境は真実に両氏がいうようにうごいていたのかも知れない。これが博多復興以後の秀吉の心状であったとうけとってもさしつかえないのではなかろうか。

八　小早川隆景の筑前入国と名島・博多の経営

小早川隆景筑前入国を辞退す

秀吉の小早川隆景に対する加封は、天正十五年（一五八七）六月二十五日、博多においいて秀吉の朱印状によって行なわれたのであるが（『毛利家文書』）、秀吉がまだ薩摩にいたころ毛利輝元と隆景を日向方面から招き、戦後の九州の処分をはかったときに、すでにその相談があったとみえる。六月五日に隆景が吉見広頼に与えた書状には筑前・筑後加封のことが見え、隆景がこれを辞退しようとしていた事情が明らかである。この文書は、渡辺世祐博士・川上多助氏共著『小早川隆景』に引用されているが、内容は次のようなものである。すなわち、秀吉があらたに筑前・筑後両国を毛利氏に与え、隆景を筑前に在留させようとするのに対し、隆景は毛利・吉川《きっかわ》・小早川三氏の所領は中国地方においてすでに七―八ヵ国におよび、所領にと

秀吉筑前・筑後両国を公領とし隆景を代官に任命せんとす

もなう公役を充分につとめることができず、秀吉の意に副うことができないのをおそれている現状であるのに、この上さらに両国が加われば、いよいよその負担は堪えられないであろう、といってこれを辞退しようとしたものである。それで、秀吉は、それならば両国を公領とし、隆景をその代官にしようとしたが、隆景は重ねてこれを辞し、毛利当主の輝元はまだ若年であり吉川元春もすでになく、輝元をたすけて公命を奉ずるに違算なからしめ、家運の維持をはからねばならぬ隆景としては、輝元から離れて九州に住むことは、情義の忍び難いところであるといい、筑前・筑後には他に領主を置くか、あるいは代官を置いて政務に当らせ、隆景は佐々成政と代るがわる一年

小早川隆景画像（広島県，米山寺所蔵）

か半年ずつ在陣して九州の鎮定に当ったらどうであろう、といったのである。

これは、毛利氏宗家のためには一身一家を犠牲として尽力するようにという元就の遺訓を服膺《ふくよう》しようとする隆景の言葉として聞けば実に条理にかなったものということができよう。秀吉の意図の中には、隆景が最もおそれた毛利氏の勢力分散ということもおそらくは存在していたに違いない。しかし秀吉のもっと大きな意図は、名将の聞えが高く都市の経営にも優れた手腕を示した隆景を北九州の要衝において、外征兵站基地の確保に万全を期することにあったと考えられる（野村晋域氏「朝鮮の役と北九州に於ける都市の発達」『社会経済史学』九ノ三、参照）。結局、隆景の辞退は秀吉の容れるところとならず、隆景の筑前入国は決定した。

隆景立花城に入る

たまたま博多の東北にある立花城が、城主立花統虎《むねとら》の移封によって明《あ》くことになったので、隆景はこれを修理拡張して在城することになった。秀吉もこれに賛成して、八月六日には、いよいよ念入りに城普請を行なうようにと申し送っている（『小早川家文書』）。また翌天正十六年正月五日にも隆景に充てて九州を堅固に統治することができるならば、唐国までも思いのままにすることができるのであるから、「大坂之つぼの内」と同様に心得て、尽力してもらいたい、と申し送った（『小早川家文書』）。すなわち、九州を畿内と同様に考えて堅実に把握すべきことを隆景に依嘱したのである。

秀吉、隆景に九州を堅固に統治すべきことを依嘱

九州は大坂のつぼのうちと同然

しかし立花城は高い山頂にあるため、要害ではあるが、水に乏しく、戦術拠点としては優れていても領国統治のためには何かと不便が多かった。隆景は天正十六年二月、立花城の西南、博多の北に当る糟屋郡名島の地を選んで、ここに築城して移ることになった。

名島普請始

『宗湛日記』によれば「二月廿五日、御普請始也」とみえ三月六日宗湛は博多白煉酒に肴を副えて、普請見舞のため名島に赴いている。そして、こののち宗湛や宗室がしきりに名島に出むいて隆景やその家臣と盛んに茶会を催したことは勿

肥後一揆鎮定のため下向の諸大名名島において茶会を興行

論で、その有様は『宗湛日記』にくわしく書き留められている。特に三月には肥後の一揆を鎮定した諸将が箱崎を通過して、しばしば茶会がひらかれた。『宗湛日記』にも、浅野長政・安国寺恵瓊・福島正則・生駒親正・加藤清正・小西行長・草野宗永・蜂須賀家政・毛利輝元・柳沢元政・曲直瀬《まなせ》道三などの人びとと隆景・宗湛・宗室らと茶湯を通じて交渉のあったことが見えている。ここにみられる宗湛・宗室の役割は隆景の茶堂としてのそれであった。

名島城址

後年島井家では宗室より二代後の権平の跡目相続の折争論があり、黒田家に対して宗室が隆景から与えられた昔真壺を献上して権平が許可されたことがある(『島井宗室日記』『島井家由緒書』)。隆景と宗室の間には名器の授受もかなりに行なわれていたものと思われる。

ところで、名島城の普請は天正十六年から十七年におよび、九月五日と二十日の書状で隆景は児玉就英《なりひで》に対し、普請で取り乱しているとか、無人であるとか書き送っているが

崇福寺唐門

黒田氏の菩提寺の崇福寺にある。名島城の遺構を移築したものといわれ，福岡県の重要文化財に指定されている。

（『児玉文書』）、この頃は築城に忙殺されていたわけである。また十一月二十二日には、隆景より博多の宗湛と寿才に充てて、「名島・博多両町家等出来候様ニ心遣専一候」として、名島の町家すなわち城下町の建設を博多の復興と平行して行なうように命じている（『神屋文書』）。

名島城下町建設に博多商人を協力せしむ

博多の町家建設についてはなお次のような注目すべき文書が遺っている。それはある年の二月二十日、隆景から宗湛に充てたもので、「博多の家作りについては先般来申していることだが、いよいよ慎重にされたい。幸いに宗室が来たので、よくよく相談してことに当られたい。身分のある者は全部瓦葺とし、それ以下の者は板屋竹瓦に限り、九月までに完成するよう堅く申し付ける、もし疎略に考えるものがあったら親類のものまでも連帯の責任として処罰する、宗室はいろいろ用事があるから宗湛が中心になって骨折ってもらいたい」というのがその内容である（『島井文書』）。

隆景博多町家の造作を指示

分際の者の家は瓦葺

天正十九年に至るも名島の町家完成せず

天正十九年閏正月七日、隆景が甥の繁沢元氏に与えた書状には、名島の町は家が一つもなく、普請衆が入りまじってごたごたしているという有様が書いてある(『萩藩閥閲録』)。これからみると天正十九年に至ってもなお名島城下町は完成には程遠いものであった。

文禄四年における名島城下町

文禄三年には、小早川秀秋が隆景の養子として決定し、翌四年秀秋は筑前に入国した。これに先立つ八月五日、隆景は宗湛に充て、「名島町屋取《とり》繕《つくろい》之儀」を油断なくすすめるように書き送っている(『神屋文書』)。文禄四年ころには、ともかく名島城下町もその形を整えていたものらしい。

古渓宗陳筑前に流さる

さて、隆景が筑前に在国中の天正十六年(一五八八)に大徳寺の古渓宗陳《こけいそうちん》が秀吉の怒りにふれて筑前に流されるという事件があった。古渓宗陳は越前朝倉氏の出で、江隠宗顕《こういんそうけん》に師事し、大徳寺笑嶺宗訢《しょうれいそうきん》の法を嗣ぎ、天正元年九月には紫野大徳寺の百十七世の住持となった。秀吉からも重んぜられ、秀吉が信長の死後、その追善のために総見院を創建したときにはその開祖となった(『竜宝山大徳禅寺世譜』)。古渓は利休にとっては参禅の師で、彼の居士《こじ》号の「利休」は古溪が撰んだものともいわれ、両者の間には極めて親密な関係があった。

古溪筑前配流の原因は明瞭ではないが、天正寺の建立と関係があったのではないかといわれている。天正寺は秀吉が信長の冥福のために舟岡山(京都市)に創立しようとしたもので、天正十二年十月四日敷地を寄進し、古溪がそのことに当ることとなり、正親町《おおぎまち》天皇宸筆の「天正寺」の勅額さえもできていた。天正寺の建立のことはその後沙汰止みとなったわけだが、古溪が秀吉の怒りをうけたのは造寺奉行の石田三成と合わなかったためとも、利休との関係ともいわれているが確かなことはわからない。

利休、古溪の送別のための茶会を催す

ともかく、利休は古溪の配流に当り、天正十六年九月四日、聚楽第内の利休の屋敷で送別の茶会を催した(『天正拾六年九月四日朝於聚楽利休居士台子之茶湯』・桑田忠親博士『千利休』)。これは何かの問題で秀吉の譴責をうけた罪人を秀吉の膝下の聚楽第内で送別の会をしようというのであるから、利休の大胆さ、不敵さ、横柄《おうへい》さを物語ると共に、利休が古溪に示そうとした尊敬と心情が如何に強い深いものであったかを物語るものといえよう。

古溪筑前大同庵に宗湛を招き茶会

筑前に下った古溪は、十一月十二日朝大同庵に宗湛のほか二人を招き、上方より到来の新茶で口切の茶会を催し、二十一日には小倉城主森吉成と宗湛を、二十六日にも舜蔵主《ぞうす》と宗湛とをそれぞれ大同庵に招き茶会を行なっている（『宗湛日記』）。利休と古溪、利休と宗湛の関係を考えれば、古溪は配所ではむしろ宗湛・宗室らの歓迎をうけたと思われるのである。宗湛はなおこれより以前から古溪とは相識の間柄であったのである。天正十四年、宗湛が唐津から上京した折は、十二月三日雪中大徳寺総見院に到って古溪の歓待をうけて剃髪した。すなわち古溪は宗湛にとっては得度《とくど》の師に当るわけである。天正十五年十月北野茶会のために上洛した折にも、その十四日宗湛は親しく古溪を訪問している（『宗湛日記』）。

古溪のために宗室・宗湛庵室を建つ

『石城志』は、古溪は秀吉の命では大宰府に流すことになっていたが、宗室と

隆景、古溪に秀吉の赦免を伝う

古溪の赦免は利休の斡旋による

隆景大徳寺黄梅院を創建す

宗湛とはかねてから古溪に帰依していたので、これをいたわり特に博多に庵室を設けたが、これが大同庵であるとしている。これは後の報光寺となったものであるが、古溪配流の陰には両人のそのような努力があったのかもしれない。

古溪は配流の翌年罪を赦《ゆる》されて帰京することになった。安芸国米山寺にはこれに関係ある七月十八日付の隆景の書状を伝えている。充書《あてがき》は欠けているが多分古溪に充てたものと考えられる。内容は、「わざわざお知らせしたいことがある。内々利休の肝煎《きもいり》があって、一昨日関白秀吉様が帰寺のことを仰せだされた。それで早速お迎えの舟を差上げた。くわしい事情は大徳寺と利休から仰せ下される筈だから申し上げない。」というものである。

この文書から感じとられるものは、国主が一介の流人に対してのものではない。むしろ多分の尊敬がそのなかに含まれている。それもその筈であって、隆景はもともと古溪を尊信し、大徳寺に対しては好意をもっていたのである。隆景の法号

大徳寺・堺商人・博多商人・小早川氏の四者間には相互に緊密な関係あり

は黄梅院というが、大徳寺にも黄梅院という塔頭《たっちゅう》がある。これは、天正十六年隆景が毛利輝元と共に財を捨てて創建し、寺禄を付して玉仲宗琇《ぎょくちゅうそうしゅう》をして開祖としようとしたものである（『京都府寺誌稿』）。玉仲は堺の禅通寺を再興した大徳寺九十九世春林宗俶《そうしゅく》の法嗣で、もともと堺とは深い関係があり、永禄十三年（一五七〇）二月大徳寺の百十二世住持として入寺した時は、費用合計三百六十七貫文のうち二百貫は堺の天王寺屋宗閑が寄進したという（三浦圭一氏「大徳寺をめぐる商人たち」京都大学文学部読史会編『国史論集』所収）。このようにみてくると、古渓・利休・隆景と宗湛・宗室というものは連鎖的な関係で結ばれ、また個々にも相互に密接な関係にあったのである。なおこの関係は、大徳寺―堺商人―博多商人―毛利氏一族という関係に拡大して理解することが可能である。特に大徳寺と堺商人とは一休宗純の大徳寺再建の時から極めて関係が深く、堺天王寺屋と大徳寺の関係については三浦圭一氏の指摘がある（同氏前掲論文）。なおこの関係は、禅と茶と商人と領国大名という関係にも置き換えることができようが、そうなれ

利休、古溪の帰洛を宗室・宗湛に報ず

ば安土・桃山時代の人間関係の一側面を代表するものとみなすことができる。

さて、天正十七年の九月五日、利休は古溪の帰洛について次のような書状を博多にいる宗室と宗湛のもとに送った（『磯野七平氏所蔵文書』）。「このたび、古溪和尚様が帰洛されるということを前田玄以《げんい》と施薬院全宗と自分の三人が披露した。秀吉公の御気嫌は上乗で、早速新寺を建てて、その院主となし、特別の配慮をされるということである。そんなわけであるから、いよいよ御仕合よくなるであろうから、御安心して下さい。」というのが内容である。ここにも古溪の配流をめぐる利休と宗室・宗湛との関係が充分に推量されるのである。

帰洛後の古溪に対しても、宗湛などは上京の折はわざわざ大徳寺を訪問したりして変らぬ交情をつづけていた（『宗湛日記』）。

なお博多古溪町の大同庵跡には、古溪が掘ったといわれた井戸があり、清冽《せいれつ》な水をたたえていたが、荒廃甚だしく、文化八年（一八一一）博多の巨商西藤徳蔵がこれを改修し、妙楽寺の竺峯紹楞《じくほうしょうかい》が「古渓水碑」の銘文の筆をとり、この碑は後世にまで伝えられた（荒井周夫氏『福岡県碑誌筑前之部』）。

九　対馬宗氏の朝鮮交渉と宗室の朝鮮渡航

宗義智、宗室に起請文を送る

天正十八年（一五九〇）五月、対馬の島主宗義智《そうよしとし》は博多の一商人である島井宗室に対して次のような誓紙を送った（『島井文書』）。

一、義智として宗室におゐて生中へち（別）儀あるましき事

一、義智身上并国中之儀にいたり、おもひよらるゝ事いさゝかの儀も指南あるへく候、少もきやくしんなく可㆓申談㆒事

一、宗室申聞せらるゝ儀いさゝか之儀も他言あるましき事

一、宗室用所等之儀何篇別儀有ましき事

一、義智におゐてしせん宗室事共申さまたくる者候ハゝ、やかて宗室に入魂候て、いよ〳〵別儀なきやうに可㆓申承㆒候事

右条々、いさゝか相違あるましく候。もし令二違背一者、
凡（梵）天・諦釈天、惣而日本国大小神祇、別《べっして》当島諸神、八幡大菩薩・天満大自在
天神、神罰冥罰可レ被レ蒙者也。仍起請文如レ件。

宗対馬守

天正十八年五月卅日　義智（花押）

島井宗室老

参

内容は一読して明瞭なように、「義智は一生涯宗室に対してわけへだてをしない。義智の一身上と対馬国のことについてはどんな些細《ささい》なことでも宗室の指南をうけ、少しも隔心なく相談する。宗室が義智に対して話したことは絶対に外部にもらさない。宗室の用事はどんなことでもする。たとい義智に対して宗室との間をさまたげようとするものがあっても、いよいよ宗室と親密にしてゆきたい。」

筑紫広門も宗室に起請文を呈す

というものである。

かつて、筑前筑紫城の筑紫広門も宗室に対して起請文を送ったことがあるが(『島井文書』)、義智のこの起請文はそれとは比較にならぬほど重要な誓約の内容を含んでいる。すなわち、義智の一身はもとより、対馬の国のことについても宗室の気づいたことは大小によらずに指導してもらいたい。それに対しては少しも異心をいだかないというのであるから、対等というよりはむしろ服属したものが征服者に対して出している誓文であるような感じさえもうけるのである。

宗義智は対馬島主宗将盛《まさもり》の第四子で、足利義昭から昭の一字を与えられて幼名を昭景《あきかげ》と称した。天正五年兄の義純《よしずみ》のあとをうけて対馬守となった。しかるに天正十五年五月伯父の宗讃岐守義調《よししげ》が義智に代って島政を掌るようになり、義智はその養嗣子となったが、翌天正十六年十二月義調が死んだので、義智が再び島主の地位についたのである。

秀吉の外征計画と宗氏

朝鮮出兵は対馬・壱岐両島にとっては迷惑

ではなぜ天正十八年という時点に対馬の島主である宗義智と博多商人の間にこのような関係が成立したのであろうか。これを理解するためには、秀吉の外征計画と、その先鋒となって朝鮮との交渉に当った宗氏の立場についてまず考察しなければならない。

宗氏と秀吉との関係は、はじめ天正十四年四月義調が秀吉に使を送って虎皮・豹皮等を献じたのに対し、六月十六日秀吉が朝鮮出兵の従軍を命じたのにはじまることはすでに述べた。この年十月、平戸松浦家の家臣勝秀（日高信介か）から対馬の者に充てたらしい書状があるが（『松浦文書類』）、それによると、関白秀吉公は日本国

天下泰平の後は高麗攻めをするという風聞があるが、事実ならば両島（壹岐・対馬両島をさすか）の迷惑であるから、その時は関白殿下の所に行き「侘言《わびごと》」を申してやめてもらいたい、ということを書いている。『松浦文書類』によれば、これは対馬の老臣立石駿河守に与えた書状ではないかとしている。もともと、対馬と

宗氏の老臣川内における秀吉の陣所に至る

宗義調・義智父子箱崎において秀吉に謁す

いうところは日本と朝鮮とを結ぶかけ橋のような存在ではあるが、山岳重畳とした離島であるから、経済的な天恵は極めて乏しく、島民の生活の財源は朝鮮との貿易に負うところ多大であった。ことにこの頃は永正七年(一五一〇)朝鮮三浦の乱以後不利となった通交条件の改訂を要求して交渉を重ねていた時代である。それが朝鮮と事をかまえるとでもいうことになれば、対馬にとっては正に死命を制せられるということになる。これを迷惑と感じ、何とかしてもらいたいと思うのは歴史的にみても当然のことであった。

　天正十五年五月島津征伐のため薩摩国川内《せんだい》泰平寺の秀吉の陣に対馬の老臣柳川権之介調信《しげのぶ》が出仕したのは、恐らく朝鮮交渉に関する「佗言」を申し入れるためであったに違いない。しかし、この時秀吉が対馬の使者に与えた指令は、朝鮮出兵の準備であり、朝鮮に日本帰属を勧告することであった(『宗家文書』『妙満寺文書』)。なお秀吉の指令により、宗義調《よししげ》・義智《よしとし》父子が箱崎の陣中に出頭し、対馬一円の領知を認められた際、六月十五日付で与えられた秀吉の直書《じきしょ》の中にも次のようなことが見えている。すなわち、朝鮮に関しては、出兵については義調がおことわりを申したのでひとまず延期したこと、そのかわり、朝鮮国王が日本に来て参洛すれば、その地位は旧来通り認めること、もし遅滞すれば出兵して懲罰を加える、というものである(『宗家文書』・武田勝蔵氏「伯爵宗家所蔵豊公文書と朝鮮陣」『史学』四ノ三)。これによれば秀吉は朝鮮に対しても国内の諸大名に対する対策と同様のものしか持ち合わせていなかったことが想像される。

秀吉、義調の愁訴により朝鮮出兵を延期

対馬の立場窮地に追いこまる

しかし、秀吉の朝鮮に対する対策が具体化すればする程、対馬宗氏の立場はいよいよ窮地に追いこまれる結果となった。

秀吉は帰坂後の十月十四日、宗氏に対して、肥後の一揆のことを告げ、来春は博多まで自身で出かけて、唐・南蛮・高麗国のことまでも命令するつもりだ、といい送り(『宗家文書』)、その後の朝鮮交渉については、宗氏に一任しながらも小西行長・

加藤清正・石田三成らの側近を通じて、朝鮮国王の来日をきびしく督促しつづけたのである。

宗氏、柚谷康広を日本国王使と称して朝鮮に送る

　秀吉の厳命をうけた宗氏は漫然と日を送るわけにはゆかない。天正十五年の九月には宗氏の家臣柚《ゆ》谷《たに》（橘）康広を日本国王使にしたてて朝鮮に送り、秀吉の国内統一を告げてその祝賀のために通信使を発遣するように要求した（『宣祖実録』）。これは秀吉の要求どおりに朝鮮国王の入朝を伝達したのでは、朝鮮側が承知しないだろうと宗氏が考え、勝手に通信使発遣の要求にすり換えたものであろう。すなわち秀吉の厳命に対する宗氏の一時逃れの方便であり、またこれによって、対馬に不利な秀吉の出兵を阻止しようとするものであったらしい。しかし朝鮮はこの要求にも応じなかったので、翌天正十六年三月、柚谷康広は空しく対馬に帰ってきた（『宣祖実録』『宣祖修正実録』池内宏博士『文禄慶長の役』）。

通信使の発遣を要求

康広空しく帰る

『宗家文書』には、天正十六年の二月二十九日付の宗義調に充てた小西行長の

書状があり、その中には、高麗のことはどうなっているか承りたい、殿下（秀吉）も高麗のことをしきりにお尋ねになられる、吉報を待っている、と記している。しかしこうした、秀吉や行長の期待を全く裏切って、宗氏の朝鮮交渉は遅々として進まず、解決の曙光さえも見ることができなかったのである。

宗義調再び使節を送る玄蘇を正使とし義智を副使とす

天正十六年十二月、宗義調は再度の使節を朝鮮に送った。今度は対馬に寄寓していた博多聖福寺の景《けい》轍《てつ》玄蘇《げんそ》を日本国使に仕立て、義智を副使とし、それに家臣の柳川調信をも添えたものであった（『宣祖修正実録』『仙巣稿』）。

朝鮮では李《り》徳馨《とくけい》を宣慰使としてこれを釜山で応待させた。義智は、通信使を伴わねば帰らぬと主張して久しく滞留した。やがて使節団は一まず帰島し、翌天正十七年六月再び朝鮮に入った。こうして八月二十八日、玄蘇・義智等は朝鮮王に接見を許されて孔雀や鉄砲（鳥銃）・鞍・馬等を献上した。宗氏側ではまた朝鮮の要求によって朝鮮沿岸を荒らした日本人を逮捕し、朝鮮人捕虜を送還することを

天正十七年十一月通信使発遣決定す

約束するなど、ひたすら通信使発遣実現のために努力した。このような経過をたどって朝鮮側でもついに十一月に黄允吉《こういんきつ》を日本通信上使、金誠一を副使、許箴《きょせい》を書状官に任命し、三使の派遣が決定した。

宗室の御所丸派遣

『島井文書』にある天正十七年十月八日付で宗義智から宗室に充てた判物は、日付が義智の滞鮮中に当っていて、交渉の背後にある義智と宗室の関係を想像させるものである。すなわち、「一鷗（宗義調）がかねがね仰せ置かれたことについては承知したから、今度のことのついでに御所丸を至急派遣すべきである。少しも異議はないから、早速油断なくやるように。」というものである。御所丸とは日本国王の使送船のことである。しかしもとよりこれは秀吉の了解の上での使船の派遣ではあるまい。そして、これはおそらく通信使の発遣にからんだ朝鮮交渉上の重要な問題に関係することがらであったに相違ない。

右のように宗氏が朝鮮交渉に奔走していた間にも秀吉の督促はつづいていた。

小西行長朝鮮交渉の結果を秀吉に報告す

すなわち、義智が入朝した後の三月二十八日付の書状で秀吉は宗義智に次のように申し送った(『柳原家所蔵文書』)。「去年(天正十六年)になっても朝鮮国王の参内がないので、小西行長と加藤清正に九州の軍勢をつけて外征の先駆としようと思ったが、其方(義智)が朝鮮に渡り朝鮮王を連れてくるから軍勢を出されては迷惑だというので延期した。国王参内のことを急いで取りはからうように。京都までは遠いから事情は小西・加藤の両人かたへ報告しその指図でうごくように。」というのが内容である。小西・加藤の両将は天正十六年肥後一揆平定ののち佐々成政のあとに肥後に封ぜられたが、いうまでもなく両人は文禄・慶長役の両方面軍指令官であり、秀吉が外征を念頭において両人を九州の地に置いたことはほとんど疑いがない。かくて朝鮮での交渉は逐一義智から小西行長に報告されたのである。なお義調は天正十六年十二月に死去し、義智がそのあとを嗣いでいた。

天正十七年十一月八日付の行長が浅野長政に充てた書状は九州の情勢を秀吉に

宗室は小西行長の使者として宗義智と共に渡航

義智は行長の女婿

報告するためのものであるが、朝鮮交渉については次のように記している（『武家事紀』）。

「朝鮮から宗義智の飛脚が到着した。朝鮮では使節の船を出すことをはっきり承諾した。来年の正月にはこれを召連れて帰朝する由である。義智はそれまで朝鮮に逗留《とうりゅう》することになっている。義智につけて朝鮮にやった拙者（行長）の使者島井宗室は今明日中に帰ってくるから、これをつれて上洛して彼の国の様子を御報告申しあげよう。ともかく使節が来朝するという確報があったので注進する。よろしく秀吉公にも申し上げられたい。」というものである。行長は堺商人一族出身の武将であるが、熱烈なキリシタンの信者であり、戦役勃発後は清正とは対蹠《たいしょ》的に和平工作に専念したことはすでに有名である。義智はこの行長にたよって、朝鮮工作をすすめ、秀吉の面前を弥縫《びほう》すると共に、朝鮮側をもあざむこうとしたのではなかったろうか。義智は行長のむすめを妻として迎えているが、宗・小西の連繫は極めて固かったようである（『寛政重修諸家譜』）。また行長が宗室を自身の使者として随行させたということは、行長の宗室に対する信頼の表現であることは勿論であろうが、両人の背後に堺商人と博多商人とがあったという関係も軽視できないであろう。池内宏博士は宗室の随行について、「亦た秀吉の命に出でしならむ」(『文禄慶長の役』)。としている。あるいはそうした理由もあったかも知れないが、やはり背後には上述のような事情を考慮してみる必要があるのではないだろうか。

またこれは先にあげた宗義智が宗室に対して国王使船の派遣方を要求した事実と密接な関係があると考えられる。宗室は行長の使者という一面と共に、義智の要請にも応じて、国王使船のことに関係して渡航したのではなかったろうか。

宗室はもとより朝鮮貿易を通じて宗氏とはすでに深い関係にあった。こうしてみれば宗氏と小西氏・島井氏、小西氏と宗氏・島井氏、それに島井氏と宗氏・小西氏というものは三者三様に極めて強い絆《きずな》によって結びつけられていたといわなければならない。

宗室は死の商人か戦争否定者か

通信使一行京都に入り大徳寺に館す

宗室も使節一行と共に在京

このことは、時の絶体権力者である秀吉から宗室は死の商人としての運命を荷わせられながらも、戦争否定者としての逸話を持つようになったことの大きな原因をなしているのではないだろうか。

さて、翌天正十八年三月、義智は通信使一行をともなってソウルを発し四月二十九日釜山を解纜《かいらん》して対馬に入り、一ヵ月滞留した。信使一行は七月下旬には玄蘇・義智・柳川調信等と共に京都に至って大徳寺に舘した。しかし、この時秀吉は小田原征伐の陣中にあって京都にはおらず、関東・奥羽の経略を終えて帰京したのは九月一日である。朝鮮使節が聚楽第で秀吉に引見されたのは実に十一月七日のことであった（『懲毖録』、『言経卿記』『晴豊公記』）。なお天王寺屋津田宗凡の茶会記によると、この年八月九日聚楽第内で豊臣（羽柴）秀長の茶席があり、これに宗凡と島井宗室が出席しており、『利休百会記』の（天正十八年）十月二十七日の条にも宗室の名が見える。特に『利休百会記』では同日の条に宗対馬守（義智）・柳川権之助（調信）

・柳川藤内の名が見える。これは宗室が在京して通信使一行と行動を共にしていたことを立証するものである。

宗義智の起請文に対する検討

以上のような日朝交渉の経過を一覧した上で再び最初に掲げた宗義智の起請文にたち帰って考察してみたい。まず日付が五月三十日であるということは一体何を意味するだろうか。五月三十日といえば義智が通信使一行をともなって対馬から京都に向うまでの間のことである。これより以前宗室は朝鮮において、これより以後宗室は京都において、それぞれ義智と行動を共にしている。そして義智の朝鮮における行動も京都における行動も共に宗氏にとっては死活に関係する重大事件であった。義智の宗室に対する起請文がこの間に書かれたということは、朝鮮交渉における何らかの問題――おそらくは出兵回避のための朝鮮交渉の重要問題――に関係したものであることを容易に想像させるものである。

宗室はもともと宗氏や小西行長と極めて近い関係にあった。そしていまここに義智の起請文をうけとったということは、朝鮮問題に関しては明確に小西・宗と同じグループに属することを示したことになる。すなわち、それは戦争を回避し、それを阻止しようとする陣営に身を置くことをさらに明瞭に確認したのに等しい。

宗室は戦争回避グループの一員

徳富蘇峰氏の見解

徳富蘇峰氏はその『近世日本国民史』で、「小西が当初より対馬者と同腹一味であった事は、云ふ迄もない。而して秀吉の海外経営の裏面には、幾許《いくばく》の豪商や、山師、冒険者等の潜在したることも亦た疑ふ可からざる事だ。」とし、宗室について「彼が小西を代表して、義智一行に従ひたるは、因《もと》より談判の為めよりも、偵察の為めであつたらう。」としている。これはたしかに一面の真実を伝えるものであろうが、やはり多少うがちすぎた解釈であるように考えられる。

さて十一月七日、聚楽第で通信使一行の引見が行なわれたが、朝鮮の国書の趣旨は秀吉の国内統一を賀して隣交を致すというものにすぎなかった（『続善隣国宝記』）。この内容は秀吉が朝鮮国王の入朝を要求した最初の希望とは甚だしく相違したもので

秀吉通信使来日を朝鮮の帰服と誤解

秀吉の答書

宗氏、秀吉の征明嚮導の要求を仮途入明に改めて朝鮮と折衝

あり、征明嚮導のことにもふれていなかったが、秀吉は行長・義智のおもわく通り、通信使の来日をもって一応朝鮮の帰服と誤解して満足した。その背後には当然義智をはじめ行長・宗室等の弁明があったのではないだろうか。秀吉はまた通信使に答書を与え、朝鮮の入朝を賞し、大明四百余州遠征の大抱負を述べ、朝鮮国王に遠征軍を先導するように命じたが、これは朝鮮国書の内容を全く無視した答書であった(『続善隣国宝記』)。朝鮮使はこの答書中に朝鮮国王を閣下とよび、入朝・方物《ほうもつ》などの言葉があるのでこれを改作するように要求したが許されず、天正十九年二月柳川調信・玄蘇等に護送されて帰国した。

ところで、朝鮮国王に日本軍を先導させて明国に侵入するという秀吉の命令は、明を宗主国と仰ぐ朝鮮にとっては到底承知できるものではない。朝鮮との間に立って交渉の役に当っていた小西氏・宗氏が窮地におとし入れられたことは勿論である。そこで彼らは、秀吉の要求を歪曲《わいきょく》して、秀吉が中国出兵を断行した場合、

朝鮮を通過することを承認してほしいという要求に切り換えて朝鮮側と交渉することになった。玄蘇・調信が朝鮮使を護送して再渡した目的はここにあったのである。ついで義智も渡航し、外交折衝《せっしょう》をもって秀吉の要求と朝鮮の立場を調停し、あくまでみずからの地歩を失わないように努めていたのである。

名護屋の築城

秀吉はこのような裏面工作が進行しているとは夢にも知らない。天正十九年正月弟豊臣秀長の死、同年八月幼子鶴松の夭死《ようし》を経て、八月二十三日には征明のことが決定され、外征の計画準備は急速に具体化するようになった。本営は博多を避けて肥前名護屋(佐賀県)に定められ、築城は十月に起工され、十二月にはすでにほぼ完成した(『相良文書』『日向記』)。壱岐勝本《かざもと》・対馬清水山にもそれぞれ行営の造築が命ぜられ、武具・造船等に関する指令がつぎつぎと発せられ、遠征軍の部署・人員も定められ、出征の時期も翌天正二十年(文祿元年)三月一日と決定し、正月には動員令が発布された(『黒田文書』『浅野家文書』『宗家文書』)。そして入明の経路はいうまでもなく朝鮮を経

行長・義智の最後の努力

由するもので、もし朝鮮が嚮導の命に応じなければ、まずこれより征伐して進撃しようとするものであった。ここにおいてこれまで通信使発遣の弥縫策をもって、秀吉と朝鮮の双方の面前を糊塗《こと》してきた行長と義智はいよいよ苦境に追い込まれることになった。そこで行長・義智は秀吉に進言して、したしく渡航して朝鮮帰服の情況を確かめる必要を説いた。秀吉はこれを認め、出征軍が一気に渡海することを延期し、しばらく遠征軍を待機させて行長等の復命をまつことにさせた(『鍋島文書』『黒田文書』)。二月二十七日付で、秀吉から宗義智に与えら

名護屋城址

れた朱印状は、朝鮮交渉の期限を四月十日までに切っている(『宗家文書』)。義智・行長は、渡航部隊は朝鮮攻撃を目的としたものではないから、征明の道を貸すようにという前からの要求を再び掲げて朝鮮との折衝に当ったに違いない。もっとも現存史料では、行長も義智も、したしく渡航して交渉したという明証がない。おそらく部下の何者かがその意をうけて交渉に当ったのであろう。

この時も宗室渡航

この最後の朝鮮交渉にも宗室は関係していたようである。それは、『島井文書』にある正月二十五日付で秀吉の奉行人石田三成から博多町中の陣取衆に充てた書状によって明白である。すなわちそれは、「島井宗室は御用を仰せつけられて朝鮮に渡海した。だから宗室の博多の宿所には誰も陣取ってはいけない。」というものである。これは、出征をひかえた諸部隊が博多の町に入り寺社や民家を借りて宿営していたが、宗室の屋敷だけは、特に宗室が特別の使命を帯びて渡航中であるとの理由でその駐屯を禁止したものと思われる。

石田三成、宗室居宅に陣取ることを禁ず

宗室は御用仰せつけられ高麗に渡海

遠征軍の朝鮮攻撃決定

しかし秀吉はこの行長・義智等の最後の折衝の結果をまたず、三月十三日諸将に令して、最終的に朝鮮進発軍の部署を決定し、出動を命じた。九軍合計十五万八千七百人である（『毛利家文書』）。四月十日予定の通り行長・義智等の朝鮮との折衝はうち切られ、十二日には部隊の渡航が開始された（『宗家文書』『西征日記』）。

戦争否定論者宗室の逸話

こうして宗室をふくめた行長・義智等の戦争回避グループのあらゆる画策は空しい努力に終り、武将も商人も茶人もすべては戦時体制の中にまきこまれてゆくことになったのである。

ここで余談にわたるが、朝鮮役の勃発にあたって宗室が示した態度に関する逸話を紹介しておこう。享保年間鶴田自反の撰した『博多記』に見える次のような話である。

『博多記』に見える宗室

秀吉公が大坂の城から島井宗室をおよびになられたので、夜を日についでのぼったところ、大坂の淀川口で石田三成が出迎えた。三成が宗室に言うには、「今度

石田三成内々に宗室をして秀吉の朝鮮出兵を諫めしむ

そなたをおよびになられたのは、朝鮮出兵の思召しによるもので、其方は朝鮮にも毎度渡海しているので、くわしい様子をお尋ねになられるだろう。そのときはこのように申し上げよ。」といちいち言いふくめられた。秀吉公に御対面したところ、「朝鮮出兵を思い立ったので其方を呼んだ、知っている通り述べよ。」という御言葉であった。宗室は、「朝鮮は韃靼《だったん》（満洲）につづき、要害の地であって、日本とは大変様子が違っている。出兵のことは断念した方がよいでしょう。」と三成が教えた通りを申し上げた。秀吉公は大変機嫌を悪くして、「自分が思い立てば唐土四百余州を攻めつぶすことも掌《たなごころ》を反すように簡単なことである。其方は商人故それがわからないのだ。」と仰せられ、奥に入られてしまった。このことがあってのち宗室は秀吉公からうとんぜられるようになってしまった。

秀吉怒り宗室疎んぜらる

明和三年(一七六五)の序がある津田元貫の『石城志』の伝えるところも右と大体同様である。

地理通宗室

もっとも『島井宗室日記』になると多少異なる。これによると、宗室は天正十九年の六月やはり大坂城で秀吉から朝鮮の形勢を問われ、朝鮮八道の地理、隣国との関係、日本との里程などを滔々《とうとう》と論じ、秀吉も家康も感心してしまって、「驚入たる言舌詳《つまびらか》なり。坊主へ馳走致せ。」といったとある。また翌年五月二十九日の記事には、名護屋で宗室が高麗の地図を示したことが見えている。ここは地理通としての宗室の一面がクローズアップされている。

軍事探偵宗室

ところで明治二十五年江島茂逸・大熊浅次郎両氏編纂『博多三傑伝』は宗室を軍事探偵に仕立てて、宗室は手代の斎田伝右衛門・本山助右衛門等と朝鮮に渡り、「専ぱら軍陣の要路、粮船の航路を実験す。其間櫛風沐雨《しっぷうもくう》あらゆる辛酸《しんさん》を嘗《なめ》て、時日を費す事半歳余」などと記している。先の徳富蘇峰氏の見解なども、これを踏襲したものであろう。しかしこれは多分に興味本位の匂いがする。軍事探偵説は日清戦役開始前夜の世論の中で組み立てられたのではあるまいか。

宗室は日朝交渉の端役にあらず

真実の宗室は、先にみたように小西行長の使者として、宗義智一行と共に朝鮮に渡り、そして義智がのちに起請文を送らなければならなかった程に重要な役割を交渉の背後で演じたような人物であった。正確な史料によって知られる宗室は地理通とか軍事探偵とかいった脇役的な存在ではなく、むしろ主役の一人として活動したもののように思われる。

一〇　朝鮮役兵站基地としての博多と小早川秀秋・石田三成の博多支配

秀吉博多津内の倉庫を明けおくべきことを宗室・宗湛に命ず

宗室が小西行長や宗義智と共に出兵を回避しようとした努力はことごとくが空しいものとなった。そして宗室等に新たに課せられた任務は、外征に要するおびただしい兵糧以下の物資の確保とその輸送であった。

文禄元年（一五九二）三月二十二日、名島の小早川隆景は、博多の長老島井宗室と神屋宗湛に対して次のような文書を送った。すなわち、「博多津内の倉庫をことごとく明けおいて、米穀を蓄蔵するようにと寺沢正成殿を通して秀吉公の命があった。その意を体して裁量してほしい。なお家臣の手島景繁以下に申させる。」というのがその内容である（『島井文書』）。

九州役の当時、秀吉は博多に築城してこの地を外征の根拠地とする構想をいだいていたのであるが、博多袖湊が土砂に埋もれてすでに港としての機能を果すことができないことのためか、予定を変じて壱岐・対馬を経て朝鮮に至る最短距離に位する肥前名護屋に築城した。そのため博多の軍隊渡航の前進基地としての性格が失われたが、商人の都市として伝統をもつ博多は兵站基地としての性格をより濃厚にすることになった。

天正十五年（一五八七）の博多復興に当り、博多は楽市《らくいち》とされ、封鎖的・独占的な問丸《といまる》の存在は禁止されたのであるが、解放的な倉庫業は依然として博多津に存在したのであり、その経営は宗室・宗湛等の有力商人の運営にまかされていたのである。

秀吉の兵糧米調達

秀吉は兵糧確保のためにこれより以前から種々の方策を講じていた。天正十九年十二月には九州諸将所管の直轄地の租米を海路名護屋に集積させ（『立花文書』）、出征の諸将中糧米の準備のないものに対しては米穀を貸与させ（『立花文書』）、また為替米《かわしまい》の

為替米

制度を定め、九州や中国の諸大名で所定の箇所に米穀を提供したものには、京坂地方では必要な同量の米をその場で受領できるようにし、相互に運輸の費用・時間が節約できるようにした（『浅野家文書』）。また博多では売米の相場が銀子十枚で八十石であったのに、公儀に買上げるものには七十七石替とし、さらに名護屋では銀十枚で七十石あるいはそれ以上の相場で買上げるというふうに（『浅野家文書』）、兵糧米の調達には実に周到な用意がなされていた。

兵站基地としての博多

文禄二年五月渡航した小早川隆景は、秀吉の奉行衆増田長盛・長束《なつか》正家に充てて兵糧米一万石のうち半分の五千石を博多で、他の五千石を名護屋で調達して輸送するように請求してきた。そこで大谷吉継は奉行がこの要求に応ずるために博多に赴くのに先だち、真田孫兵衛をして名島の留将手島景繁と連絡をとらせ、博多の貯蔵米高を取調べて手違いないようにさせた（『吉川家中並寺社文書』）。また同年の七月十七日、秀吉は朱印状をもって在朝鮮の立花統虎《むねとら》・小早川秀包《ひでかね》等に充て、「かねて

置兵粮

置兵粮のことを申しつけておいたが、博多から取り寄せたか、もしそうなら急いでこれを駐屯地の倉に詰めおくように。」と申し送っている（『立花文書』）。慶長三年（一五九八）三月十八日には秀吉は朝鮮の竹島・昌原両城の守将鍋島直茂に充て、その城の置兵粮として米五千石を博多で渡す、ということを申し送っている（『鍋島直茂譜考補』）。また秀吉は同日付で宗義智に対しても米千石を博多で渡すということを申し送っている（『宗家朝鮮陣文書』）。これらは片々たる史料ではあるが、これによっても、派遣軍の兵糧米輸送に博多が大きな役割を果したことや兵站基地博多の活況が充分に推察されるのである。博多はまた名護屋と大坂を連絡する次船《つぎぶね》（逓船）の発着地となり、外征軍往来の通路・宿泊地として、濃厚な戦時色の中につつまれていったのである（『毛利家文書』『櫛田宮文書』）。

宗室、秀吉の命によりもがり竹を調達

宗室の仕事は、兵糧米の管理と輸送とだけにはとどまらなかった。『島井文書』所収の十月十一日付の秀吉の朱印状に、もがり竹（虎落竹）を至急に届けるようにというのがある。もがり竹というのは戦闘の際に竹を筋違いに組合せ、縄で結《ゆ》い固めて柵としたりする場合の竹をいうのであるが、こうした軍需物資の調達も博多商人の仕事の一部となっていたのである。

名護屋における秀吉と宗湛

さて、秀吉は外征軍督励のため、文禄元年三月二十六日京都を発し、四月二十一日には名島を経て同二十五日名護屋の本営に入った（『鍋島文書』『黒田文書』）。『宗湛日記』によると、神屋宗湛は早速名護屋に赴いて、秀吉の着陣を賀している。五月二十八日には秀吉から特に許されて諸大名衆と共に、城内の金の座敷の茶湯に列している。これは大坂城内の黄金の茶室をそのまま名護屋城内に移したものである。二十九日にも博多からの進物を献上、秀吉は上機嫌で、また金の座敷で茶を呑ませている。

秀吉は生母大政所《おおまんどころ》の病気により、七月二十二日名護屋を発し、同月二十九日には大坂に帰ったが、十月一日再度名護屋に向うために大坂をたった（『兼見卿記』）。この

秀吉、宗湛の屋敷を訪う

途次、十月晦日博多では宗湛の所を親しく訪ねて茶湯・雑談を共にした。その帰りぎわに秀吉は、筑前国中の様子などを宗湛に尋ねた上、「銀子何ホトナリトモ申上次第、可ㇾ被ㇾ成二候(衍カ)御借一候間、ナコヤ(名護屋)ニテモ商仕候へ。」といったという（『宗湛日記』）。

秀吉山里丸の茶会に宗室所持瀟湘夜雨の軸を懸く

秀吉は翌文祿二年九月にいたるまで名護屋城に在城したので、宗湛はしばしばこの地を訪ねて、秀吉はじめ諸将の茶会に列している。

ことに十一月十七日には山里丸の

名 護 屋 城 本 丸 址

近くに馬渡島（まだらじま）・松島・加唐島・加部島があり，遠く壹岐・対馬をも一望のうちに収めることができる形勝の地である。「太閤が睨みし海の霞哉」という句碑がわびしく立っている。

茶室開きが行なわれて宗湛も松浦隆信・堀直政等と同席した。この時、床に「夜雨一軸」が懸けてあり、宗湛はこの絵について詳しい覚書を書いている（『宗湛日記』）。この絵は『山上宗二記』によると元代の画家玉碉《ぎょくかん》の八幅の絵のうちの「瀟湘夜雨《しょうしょうやう》」の絵であって、博多の宗室の所有であるとしている。『数寄者名匠集』はこの軸はもと東山殿（足利義政）の所蔵であったと記している。

宗室は名護屋に一度も出仕せず

しかし不思議なことに宗室の名はこの間まったく『宗湛日記』の記載から影を消してしまっている。常に宗湛と並んで博多商人の長老格として働いてきた宗室が、秀吉の本営である名護屋に一度も姿を見せないということはまったく奇怪なことといわなければならない。

宗室の秀吉への進物

『島井文書』には、宗室に充てた秀吉の朱印状が多く遺っているが、あるいはそれらがこの時期の宗室と秀吉の関係を物語るものであるかも知れない。これらの文書はすべて宗室の贈物に対する秀吉の返書であって、金襴（四月二十九日付）、唐扇一本・照布《てるふ》二端（十一月二十三日付）、照布三端（十二月二十六日付）、沈香一盆（三月二十日付）、練貫酒桶樽一荷・松露一折（三月四日付）などに対する礼状である。

文祿元年から二年にかけての宗室の行動は不明

それにしても何故宗室が名護屋に赴かなかったかという疑問はなお解決されてはいない。行長・義智等と共に戦陣の間にあったのか。あるいは、なお重要な使命を帯びて博多にとどまっていたのか。あるいは病を得て活動の機に荏苒《じんぜん》日をおくっていたのか。あるいは秀吉の怒りにふれて行動を制約されていたのか。あるいは戦争そのものに背をむけて、積極的に行動することを潔しとしなかったのか。現存の史料だけではこの疑問を解くことはできないようである。

博多譲葉銀

博多の櫛田神社の神庫には譲葉《ゆずりは》銀と通称される銀貨幣が伝えられた。これは他に類例のない貨幣で博多において鋳造されたものであろうとされている。表面に「祿二」という極印《こくいん》があるところから、文祿二年秀吉が朝鮮役の軍用金として作らせたものとされている（山崎藤四郎氏『石城遺聞』）。博多における銀貨鋳造の事実は、朝鮮役を

大坂の商人朝鮮における商売に成功

諸国の商人も朝鮮に渡る

契機とする商業圏の拡大を如実に物語るものといえるのではなかろうか。

山科言経《ときつね》は文禄三年には大坂に住んでいたが、その日記の二月十三日条に、朝鮮に商売にゆき成功した九郎右衛門尉が来訪したと記している。また三月二十九日条にも大坂船場《せんば》の者が朝鮮で芸州衆の百姓に銀子を貸した話を記している（『言経卿記』）。これによれば大坂商人のうちの幾人かは外征軍と共に渡航し、商業行為を行なっていたということになる。『義残後覚《ぎざんこうかく》』によると京・大坂・堺・近江・伊勢・美濃・尾張・加賀・越中・中国・四国の諸商人が朝鮮にわたって陣中の御用を達すべき由を訴訟し、それが聞き届けられるとそれぞれ船を艤装し、先を争って雲霞《うんか》の如く渡鮮し、諸大名の陣営についたと伝えている。ちなみに敦賀の商人高島伝右衛門は前田氏の御用商人として加・能・越三州の米を筑紫に廻漕し（『福井県史』）、小浜の商人組屋順四郎は浅野氏のために米を廻漕し、奉行として名護屋に下っている（『組屋文書』）。

このように活潑な商人のうごきの中で、地理的にも経済的にも最も好条件にめぐまれていた博多商人の多くも、博多で戦陣の背後をうけもつばかりでなく、みずから渡航して冒険的な商業に従事していたことが当然予想されるのである。宗室は勿論これらの商人の領袖《りようしゆう》と仰がれる立場にあったと考えられるが、その間の行動はなお不明である。博多商人はすべてが戦争に反対だったのであろうか。

文禄の役終る

さて、外征軍は破竹《はちく》の勢いで雞林《けいりん》八道（朝鮮）の大半を席捲したが、糧食の補給は思うにまかせず、将士の中には文禄二年にはすでに懐郷の情にかられるものも少からずあらわれるという有様になってきた（奥野高広博士「文禄慶長の役と豊臣秀吉」『日本歴史』七九）。こうした情勢の中に、朝鮮各道に義民が蜂起し、明の大軍が李如松《りじよしよう》にひきいられて来援し、小西行長の軍が占領していた平壌を奪回するに及び、戦局は急転回した。すなわち碧《へき》蹄《てい》の会戦の後に、日明両軍の間に和議の使者が往復し、文禄二年五月十五日、石田三成・小西行長等は明使謝用梓《しやようし》等をともなって名護屋に帰った。やがて三年後の慶長元年九月、明使一行は大坂城において秀吉に謁したが、秀吉が示した媾和の条件はまったく無視されていたため、和議は一朝にして破《は》綻《たん》し、再度の出兵——慶長の役——となるのである。

秀吉伏見に築城

この間、文禄三年正月、秀吉は伏見城の築城に着手した（『太閤記』）。秀吉は大坂城を拾丸《ひろい》（秀頼）に与えようとし、自身の隠居所でもあり別荘でもあるような邸宅的城郭を築くのに伏見の地をえらんだのである。この時博多から宗湛や宗伝が上京したことは『宗湛日記』によって知られるが、『宗室日記』『島井家由緒書』によると、四月二日宗室は堺諸白《もろはく》一斗入二樽・肴一折を秀吉に献じたところ、家康は手ずから軍扇《ぐんせん》を宗室に与えたという。この金地葵《あおい》紋付の軍扇はのちに宗室の子孫の久左衛門から領主の黒田重政の元服の祝儀として献上し三人扶持を永代与えられたという。しかし『石城志』はこの軍扇拝受の理由について、宗室が名護屋下《げ》向《こう》の家康に宿を貸したためであるとしている。

徳川家康、宗室に軍扇を与う

小早川秀秋、隆景の養子となり筑前に下る

一方、博多においても、この文禄・慶長の役の間に、名島の小早川隆景が備後（広島県）三原に隠居し、養子の秀秋（秀俊）が筑前の支配者として下国《げこく》するという新らしい事態がおこった。

小早川秀秋画像
（京都市，高台寺所蔵）

秀秋は秀吉の正室北の政所《まんどころ》の兄に当る木下家定の五男であったが、秀吉はこれを養子としていた。ところで秀吉は秀秋を非常に寵愛していたが、実子拾丸生誕の後は情が薄れたらしく、秀秋に名門の家督をつがせたいと思っていたのである。毛利輝元に実子がないところから、秀秋に毛利氏を嗣がせようとした。隆景はこれを毛利宗家《そうけ》の重大危機と考え、みずから秀吉に請うて秀秋を養子としたという。

宗室、宗湛等と共に三原に至り秀秋の結婚を賀す

『宗湛日記』によると、宗室をはじめ宗湛・日高宗暦等の博多年寄衆は、隆景の所領三原で挙行された秀秋と隆景の一族の息女の結婚を賀するために十月二十六日博多を発し、十一月十四日には三原に参着した、と記している。

隆景、秀秋の迎接を宗室と宗湛に依頼す

翌文禄四年、宗室は秀秋を博多に迎えるために種々奔走するところがあった。隆景は八月十四日付で宗室と宗湛に書状をおくり、秀秋の下国に対する準備を依頼した。すなわち『島井文書』によると、「今度中納言殿（秀秋）が十日滞在の予定で其地（博多）に下向する由を昨日鵜飼新右衛門尉元辰《もとときき》と粟屋四郎兵衛からいってきた。そちらで祝儀について準備してもらいたい。松原茶屋のことも肝要である。増田長盛や石田三成の内意もあることだから、専心奔走してもらいたい。」と

記している。

秀秋博多松囃子を覧る

『宗湛日記』によると、八月十七日隆景の一行は名島に着いて振舞、二十三日には「松原御茶屋之事、博多ニ被二仰付一候ニ依テ」宗湛が肝煎《きもいり》し、九月二十日と二十五日には隆景のほかに秀秋をも加えてこの茶屋で茶会がひらかれている。また二十六日には、秀秋は宗湛の孫に対し金吾中納言の金の字を与えて金十郎と名乗らせている。その後宗湛は折にふれ珍物を献じたり、博多の松ばやしを覧せたり、領主の養子に対して実にこまかい心づかいをしている。

隆景三原に隠退し秀秋筑前領主となる

かくて隆景は家を秀秋に譲って名島に在城させ、自分は譜代の家臣だけをひきつれて三原に隠退した。そこで秀吉は文禄四年十二月朔日《ついたち》付で筑前のうち五万石余の地を隠居料として隆景に与えたが、領国の政治は秀秋によって行なわれることになり、同日付で秀秋から草苅重継・清水景治等の家臣に知行状が与えられた（渡辺世祐・川上多助両氏『小早川隆景』）。

山口宗永、秀秋の後見として領国の政務にあずかる

しかし秀秋はこの時なお十四歳の年少者であったから、秀吉から秀秋の後見役として山口玄蕃頭宗永がつけられて領内の政治を補佐することとなった。『宗湛日記』の文禄四年十一月条、慶長元年の四月・八月・十一月の条などにはそれぞれ山口宗永と宗室・宗湛との交遊が見られるが、新しい領主と町政上の有力者という関係で宗室は秀秋とも親密な関係にあったと考えられる。

秀秋外征軍の大将として釜山に渡る

慶長役に当り、秀吉は動員の期を慶長二年二月としたが、正月加藤清正の軍は早くも朝鮮に渡り、秀吉は二月二十日再征の軍の部署を定めた（『因幡志』『筑紫古文書』）。隆景はこの年六月十二日備後三原に薨じたが（『吉川家文書』）、秀秋は外征軍の大将となるために七月十七日釜山に渡った（『面高連長坊高麗日記』）。時に秀秋は十六歳であった。宗湛は釜山陣中の秀秋に見舞を送り、十月朔日付で秀秋はこれに返書を与えている（『神屋文書』）。また十二月三日付で、秀秋は「博多津中」に対して遠路の見舞に対する礼状を書いているが（『神屋文書』）、宗室もおそらく宗湛と共に秀秋のためにいろいろと

尽力していたにちがいない。

小早川秀秋越前に移封さる

　ところが、この年の十二月四日、秀秋は秀吉から帰国を命ぜられ（『田住文書』）、翌慶長三年正月釜山を発して帰国の途についた（『浅野家文書』）。

石田三成筑前蔵入分代官となる

秀吉、宗湛に筑前の国情を問う

　秀秋は領内の政治や出征中の行動につきかねが評判がよくなかったが、同年四月秀秋が大坂に帰陣した折、秀吉は秀秋を越前北荘《きたのしょう》に移すことを定めた（『朝鮮物語』）。筑前は蔵入地（直轄地）として、石田三成がその代官を兼ねることになった。三成は天正十四年から天正十六年まで堺奉行をしていたことがあり、都市行政についてはすでに深い経験をもっていたのである。『宗湛日記』によると、宗湛は慶長二年二月秀吉から伏見城によばれた折、山口宗永から、秀吉に筑前国のことをたずねられたら、何なにと答えてくれと頼まれ、石田三成から御真書を下された、という記事がある。このころは秀秋の暴政が風評されていた際で、秀吉の質問に対する宗湛の答え方如何は、かなり重大な意味をもっていたようである。秀吉が宗湛ら博多商人の意見をも筑前の統治の上に重視していたらしい模様が察せられるのである。

三成筑前滞在中の居所を宗室屋敷に定む

慶長三年六月朔日、三成は画師海北友松《かいほうゆうしょう》と文筆の士是斎重鑑《ぜさいしげあき》をともなって大坂を出発して九州に向った（『阿保文書』）。これに先だって三成は五月二十三日宗室に書状を送り、「自分は博多に下ったら其方の屋敷に滞在するからその積りでいてほしい。当地は五月二十七―八日頃出発するつもりである。」といっている（『島井文書』）。

文禄役中にも宗室の屋敷を使用す

三成はすでに文禄役のはじまった折にも宗室の屋敷を使用したことがあった。それは、「其方私宅のことは我等の用所として頼むから、自分の家臣を残しておく。あとから陣取に来た人があったら誰でもかまわないから拒絶してもらいたい。そして、その拒絶した人びとには礼を言いたいから彼地（朝鮮か）へ名前を知らせてほしい。」という三月二十二日付の三成の書状によって知られるのである（『島井文書』）。

三成の博多下着《げちやく》に先だつ六月二日、筑前早良《さわら》郡の百姓に対しては、「今まで小早川秀秋の所領であったところは太閤様の蔵入地となり、三成が下向することになった。田畠・毛付《けつけ》等を残らず蔵入とする。もし小早川氏の家臣の武士が租税未《み》進《しん》を催促し、竹木を要求するようなことがあっても決してこれに応じてはならない。」ということが達せられている（『宮崎家譜』）。

三成博多に着す

六月十六日早暁、三成の一行は博多に着し、二十六日までここに滞在した。宗室居宅に滞在したものと思われる。是斎重鑑はこの滞在について「国のをきての事共によりてなり。」と記しているが（『阿保文書』）、小早川氏引退後の蔵入地の政治について種々差図するところがあったのであろう。

納租の条目を定め志摩郡に制す

二十二日には、三成は志摩郡（福岡県）に対して租税に関する沙汰を出している（『朱雀文書』）。その内容は文禄五年（慶長元、一五九六）三月三成の領国近江（滋賀県）伊香郡東柳野村に充てて出した掟書《おきてがき》とよく似ている。年貢率は秋稲刈取以前に検分して定めること、もし百姓と代官とその見込が相違するときは、刈取った稲を三分し、その二を運上とし、その一を百姓の取分《とりぶん》とする、年貢米を納めるには一石について二升を指《さし》米《まい》（代官の諸費用にあてる一種の村税）として出すこと、などを定めたものである。

大宰府に移る

二十七日には一行は大宰府に移った。都府楼址で重鑑は感慨をこめて、「都府楼ハ跡かたもなし。瓦の有ハもとの土とや成にけん。観音寺（観世音寺）の鐘の響は昔にかはらずやあらん。本堂のみわづかに残れりといへども扉も軒もあらはなれバ、雨は仏のみかほをうるほすとぞみえたる。」と記している。また天神社は小早川隆景の修築以来荒廃にまかせられていたので、三成は社司大鳥居信寛に社務安楽寺・東西の法華堂・廻廊・僧坊・経蔵・鐘楼などを修築するように命じた。

三成はついで甘木《あまぎ》・三井《みい》などの地方を巡視し、博多のもとの宿にもどった。博多には四—五日間滞在したが、五日にこの地を発《た》って伏見に帰ったのである（『阿保文書』）。

箱崎松原に違乱をなすを禁ず

なおこの七月五日付で三成は、箱崎松原の枯木・枝木もとってはいけないということを命じている（筥崎宮筑紫頼定氏所蔵写真）。

宗室は三成に対して居所を提供したばかりでなく、百姓等と代官三成の中間に立って大いに奔走するところがあったのである。

これより以前宗室博多津町政の掟書を与えられる

これより以前（文禄四年頃か）、三成は正月二十九日付の書状で、「内々所望候津内御置目之御朱印、唯今下候。」ということを宗室に申し送っているが（『島井文書』）、これによれば宗室はかねて博多津の町政に関する秀吉からの掟書を希《のぞ》んでいたのであり、朝鮮役を機としてそれを与えられたのである。このような立場の宗

大宰府都府楼址

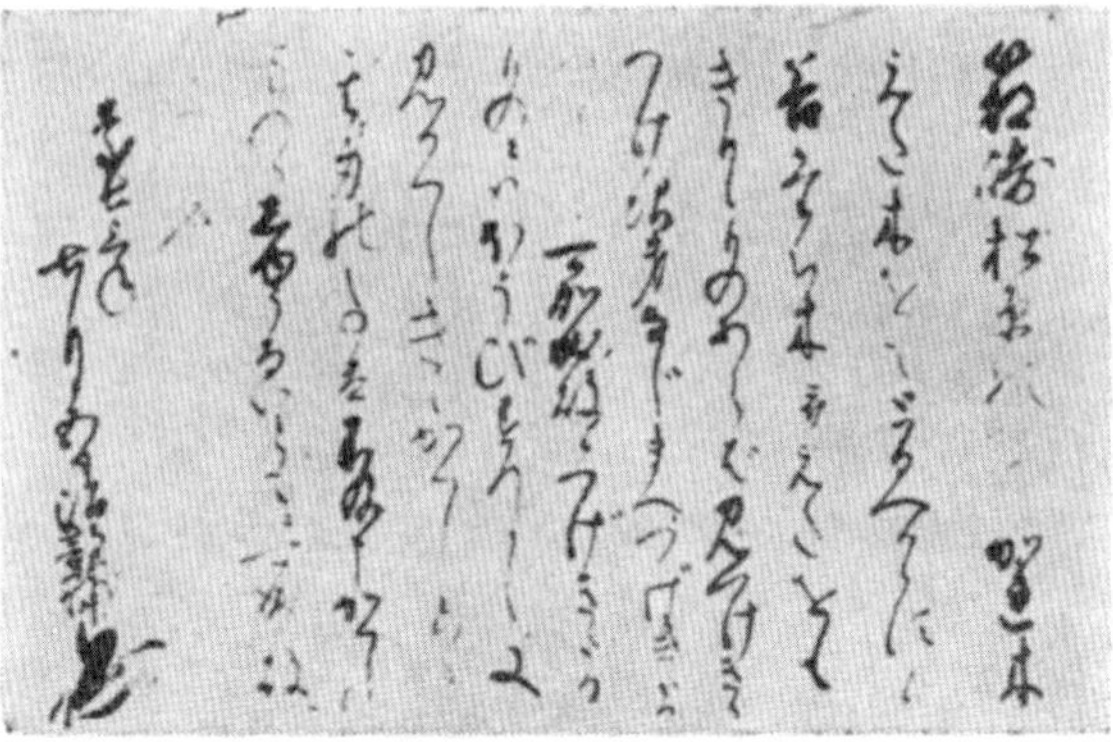

石田三成制令　（所蔵者不明）

室であってみれば三成との関係も、当然単なる蔵入分代官と一商人の関係ということだけでは済まされなかったのである。

三成帰洛後の八月十八日に秀吉が死んだ。まさに巨星は落ちたのである。外征の将士十数万の帰《き》趨《すう》はもとより、日本国内の政治・経済もこの時点を中心軸として大きく旋回しはじめるのである。

筑前領内の政治も当然その余波はうけたであろうと考えられるが、この二十八日三成は宗室に対して次のような書状を書き送った。

「先日宗室方から筑前国内の事情を報ずる使

博多津中の年寄蔵入地の租税徴収に関し不平を述ぶ

者をよこしたので、くわしいことはその者に申し伝えたが、上方は無事であるから安心されたい。次に筑前・筑後地方で三成の代官と土地の百姓との間に争いがおこるようなことがあったら、そこ元でよく事情を聞いた上で調停してもらいたい。油断なくやってもらいたい。」というものである（『島井文書』）。

三成は、浅野長政・毛利秀元等と共に外征軍の撤収に当ることとなったが（『浅野家文書』）、このときも九州下向に先だち九月五日宗室に充てて、「今月二十八―九日当地を出発して下国するが、また其方の所に滞在するから、その心得でいてもらいたい。」と申し送っている（『島井文書』）。なお秀元はこの時宗湛の邸に入った（『神屋文書』）。

この年十一月三日、博多津内の年寄中から三成の臣と思われる八十島助左衛門に充てた書状が『石城志』に収められている。それによると、「去夏（石田三成が）御下向の折、宗室を通じて博多津の守護不入《ふにゅう》（この場合は徴税吏が入国しないことで、津内請《うけ》というような形が許されたらしい）のことを仰せ出された。その後伏見より宗室に御書を下されたので有難く思っていたが、津内に対する種々の命令はすべて迷惑なことばかりである。また津内百姓の出作分《でづくりぶん》の年貢請《うけ》状も津内年寄共の請《うけ》米《まい》の内に含めるようにきびしく命ぜられた。百姓に年貢を催促しても荒地過分の在所に年貢を過分にかけたので百姓は迷惑して津内から逃亡する有様である。」というようなことが細かく記してある。従来小早川秀秋の領分として納租のことなども明確でなかったのが、蔵入領となってから急にきびしい租税の取立てが行なわれたため、こうした年寄中の訴えとなったのである。年寄中の頂点に立った宗室は三成と在地の百姓と両者の間に立って苦心するところがあったに相違ない。

『宗湛日記』によると、三成はこの十一月八日・十五日・二十二日・二十三日に博多で、安芸宰相(毛利秀元)・雑賀《さいが》内膳・宗室・宗湛などとの茶会に列席している。

慶長三年十月八日に豊臣氏の奉行前田玄以・増田長盛・長束《なつか》正家等は在朝鮮の諸

三成、神屋甚兵衛邸の寄宿を免除す

将に対して、全軍の撤退を令したが（『高山公実録』）、十二月には外征の諸軍も順次撤退して博多に帰還してきた。十二月七日、三成は博多の神屋甚兵衛に対して、軍勢の寄宿を免除することを申し送っている（『島井文書』）。ここにある甚兵衛というのは宗湛のことなのか、あるいは一族の別の人物なのか判然としない。

翌慶長四年正月十九日、三成は筑前の怡土《いと》郡・志摩郡・早良《さわら》郡の三郡の百姓と庄屋に対して、去年物成《ものなり》のうち未進分の大豆を津出しするようにと命じている（『宮崎家譜』）。

小早川秀秋再び筑前・筑後両国を領知す

さて、慶長二年の四月秀吉の命によって越前北荘に移された小早川秀秋は、秀吉の死後慶長四年二月五日に至って徳川家康等豊臣氏五大老の命によって再び筑前・筑後を領知することになった（『毛利家文書』）。秀秋は、これより先正月十五日に旧領筑前早良郡に条規を下しているが（『朱雀文書』『宮崎家譜』）、三月三日には家臣の日野景幸・松野重元等に筑前・筑後内の地を与えている（『萩藩閥閲録』）。

秀秋、神屋宗湛に博多津内の筋目を安堵

神屋宗湛は秀吉の死後、秀頼から新たに博多津内置目《おきめ》の朱印を与えられるよう希《のぞ》んでいたらしいが、慶長四年閏三月九日、秀秋は秀吉の朱印の旨によって隆景が安堵した博多津内の特権が不変であることを宗湛に申し送っている。秀秋はひきつづき十九日付で家臣の杉原下野守・西郡《にしこおり》久左衛門・佐野下総守に対しこの間の事情を報じて、博多津内のことについて博多の宗宝や田中紹府《しょうふ》が伏見で訴訟したが、山口宗永の先例を否定し、結局隆景の申しつけた筋目の通りにしたのだとしている（『神屋文書』）。なお博多津内のことに関する文書の充書《あてがき》が従来は宗室であったのに、この時点から宗湛に代ったのは注目すべきことである。

古田重然、宗室に柄杓を贈る

このようにして兵站基地博多の使命は秀吉の死と外征軍の撤収によって終りを告げた。そして出兵の回避に、物資の輸送に、外征兵士の送迎に明け暮れた宗室の生活にも、博多の変貌と共に一つの曲り角がおとずれたのである。

なおこの時期のものと思われる三月十二日付古田重然（織部）の宗室に充てた

書状が『島井文書』に収められている。重然は秀吉のお伽衆で、大名茶人として名があった。後世では利休七哲の一人とされている。その伏見の邸には大名や茶人が常に多く集っていたのである。書状の内容は、「宗湛が上洛したのでお噂をしている。書状と柄杓《ひしやく》一本をことづけた。本年中に上洛しないか。お目にかかりたいものである。お互いに年をとったのでなつかしい。」といったものである。動乱の時代に身をおきながらなお茶道への強い執心をもちつづけていた宗室の生活態度がしのばれる。

一　黒田氏の筑前入国と宗室の晩年

関ガ原の戦

秀吉の死後、時代の流れは大きく動いていったが、この波動は宗室の住む筑前博多にも強くおしよせてきた。かつての筑前蔵入地代官石田三成は秀吉死後の最大勢力徳川家康に挙兵をもって対抗した。天下分け目の関ヶ原の戦闘が戦われたのは、秀吉の死後二年目に当る慶長五年(一六〇〇)九月であった。

筑前の領主小早川秀秋ははじめ三成の陣に属しながら、ついに家康のために行動し、この戦いにおける家康軍勝利の決定的導因を作った。この戦功により、秀秋は西軍に属した宇喜多秀家の旧封地備前岡山に移封された。そして筑前は豊前中津の黒田長政が関ヶ原役の戦功によって領することになった。

黒田氏の筑前入国

長政は慶長五年十一月十七日大坂を発し、筑前に下ったが、博多に着いた長政は清水宗也の家に、父の如水《じょすい》は神屋宗湛の家にそれぞれしばらく滞在した。十二月八日に小早川家臣の名島城の明け渡しがあり、十一日に入城した。その後、中津にあった黒田家の家臣は追々名島に参集し、豊前の商人・諸職人・僧侶なども黒田氏のあとを追って来るものが多かったという(『筑前国続風土記』)。

黒田長政画像(黒田元侯爵家所蔵)

名島は小早川隆景が選定しただけあって要害ではあったが、平和時の領国支配という点では、背後地などを考えると、必ずしも最良の地点とはいえない。長政は新たに博多と那珂川をへだてて対する警固《けご》村福崎の地を選んで慶長六年築城にとりかかった。これが福

崇福寺の山門と仏殿

福岡城の遺構を移築したもので，山門は旧本丸正門，仏殿は櫓であった。福岡県の重要文化財に指定されている。

宗室福岡築城に協力す

岡城である。黒田氏先祖の地備前福岡の名をとって福崎を福岡と改めたのである。
宗室は宗湛と共に築城に協力して若干の銀を提供し、長政から嘉賞されるところがあった（『島井宗室日記』『島井家由緒書』）。

長政崇福寺を再興

また長政は筑前入国後大宰府横岳にあった横岳寺を崇福《そうふく》寺として再興することにした。この寺は仁治元年（一二四〇）の開基で、博多の承天寺と共に官寺として栄えたが、天正十四年岩屋城の戦いで灰燼《かいじん》に帰したものである。長政は再興に当り、大宰府は福岡から遠いから常に参詣し難い、博多の東十里松の内に移して菩提所とせよ、とて現在の地を選んだという。造営のことは大徳寺春屋宗園《しゅんおくそうえん》の弟子で津田宗及の子の江月宗玩《こうげつそうがん》が当ることになった。江月は崇福寺七十九世の住持となった（『横岳志』『島井宗室墓碑銘』『筑前国続風土記』）。これが今の崇福寺である。

宗室崇福寺瑞雲庵を建つ

慶長七年、宗室は崇福寺の塔頭《たっちゅう》瑞雲庵を建立した。長政はこれに対し大豆百俵を与えて賞したが、宗室は、これを瑞雲庵に寄進してしまった。

宗室、長政の知行を辞し瑞雲庵に寄進

また長政は宗室に対し糟屋郡箱崎村のうち三百石の知行を与えたが、宗室は何の奉公もしないのに知行を頂戴するのは心苦しいとして、そのうち五十石だけは瑞雲庵に寄付し、他は辞退したい旨を申し出た。慶長十一年正月長政は宗室を城中に召し、小河内蔵允《くらのじょう》をして、「其方知行返上の段は神妙である。願い通り五十石は瑞雲庵に永世寄進することにする。また宗室の子孫に難儀のことがあったら見捨てるようなことはしない」旨を伝えさせた（『島井宗室日記』『島井家由緒書』『博多三傑伝』）。もっともこの瑞雲庵は『横岳志』によると、慶長十七年宗室が檀越《だんおつ》となり江月宗玩が再興したと記されているので、年代が多少合わない。

黒田如水と宗室

なお宗室は長政の父如水とも交渉があったらしく、『島井家由緒書』には、宗室が如水の病気を見舞ったのに対する長政の礼状が収められている。

以上が黒田氏入国後における新領主と宗室との交渉であるが、このころの宗室はいろいろな面で不如意の生活を送らねばならなかったようである。

宗室、秀吉の晩年に中風を病む

宗室は秀吉の晩年に中風を病んだ。それは瓢隠斎宗知《ひょういんさいそうち》から宗室に充てた書状が『島井文書』に遺っていることによって知られる。これには、「この間一―二度上様（秀吉）が貴老のことをお尋ねになられた。中風をわずらっている由を申し上げた。」と記されている。これだけでは病状がどの程度であったかは明らかでないが、博多の復興から朝鮮役にかけて宗室がみせたような活潑な行動はもうこの老宗室には期待できなくなってしまったのではなかろうか。宗室・宗湛と並び立った両巨頭のうち、秀吉生前は宗室が主であったのにくらべ、秀吉死後は宗湛が主になってくるような印象を残存の史料からうけるのも、このような身体的な理由をも考慮する必要があるように感じられる。

宗室黒岩茶を寺沢広高に贈る

黒田氏の入国後、肥前唐津の城主寺沢広高は茶道を通じて宗室と往来している。『島井文書』には十一月二十三日付で宗室に充てた広高の書状が遺されている。内容は黒岩茶を詰めた壺の口切りに当って宗室が一袋《たい》を送ったのに対する礼状であるが、前年にも同様のことがあったことを記し、近日福岡へ行くからその節会いたい、というようなことも書いている。

宗室天下の大商人の地位を失う

秀吉の死によって博多は日本の博多としての地位を失った。それに代って与えられたのは福岡藩の一商港としての地位にすぎなかった。秀吉にとって博多商人は外征軍の台所をあずかる貴重な存在であったが、家康の時代となってはもはやそのような重要な意味をもつべくもなかった。そして天下の大商人島井宗室の地位もそれにともなって転落したのである。黒田氏の領国支配が強まるにつれて、宗室がかつてみせた冒険的企業家の面目はまったくその影を消してしまうのである。島井・神屋に象徴された博多商人団は豊臣政権との結合において、その存在を誇示したのであるが、豊臣政権の衰滅はこの商人団の存在を不用のものとした。あるいは中田易直氏が指摘しているように、徳川政権は博多商人に対して警戒的であったのかも知れない（中田易直氏「近世初頭の貿易商人たち」『日本人物史大系』三所収）。

晩年の宗室にはかつての冒険的素質はみられない。小心な高利貸資本家としての面が強くうかび上ってくる。時代の流れによっていまや封建大名支配下の一商人としての行動のみが宗室に許されていたのである。

高利貸資本家島井宗室

島井家にのこる借用証文

島井家には現在宗室に充てた借用証文のいくつかが遺されている。慶長七年三月二十二日付夏井弥左衛門のものは米三十五石を借り、九月十日までに三割の利子をつけて返済するというものである。慶長十五年三月十三日、斎田伝右衛門は米十石余を十月まで五割の利子で借りている。慶長十六年二月、深江村の用右衛門と小寺弥兵衛はそれぞれ秋まで五割の利息で米を借りている。また同年九月十四日付の借用のちぢみ丁銀《ちょうぎん》三十貫は年内に皆済するという黒田家老臣連署の惣家中よりの書状がある。このほか、慶長十七年四月一日付の坂田十左衛門・入江吉兵衛の米借用証文、慶長十八年七月八日付の清水与右衛門の米借用証文があり、また慶長十九年七月には宗安の米借用証文がある。これらによってみれば、晩年の宗室は金融業を中心に家業の酒屋・質屋に精を出していたものと考えられる。

そうして彼の生涯をしめくくる遺訓は慶長十五年に養嗣子徳左衛門尉に充てて記されたのである。

一二　遺　言

動乱の時代に水を得た魚のように潑溂と生きぬいてきた宗室にとって、晩年はまさに失意の明け暮れであったに違いない。慶長十五年（一六一〇）彼の生涯のしめくくりを示すような遺言状が養嗣子徳左衛門尉信吉に充てて書かれた。

この文書は『博多三傑伝』で紹介されてから、近世初頭の商人の生活と意識をさぐるために極めて重要な史料として珍重され、すでに多くの史家の注目をあび、その紹介・研究も出されている。本書でも雌伏時代の項などで多少触れるところがあったが、特に全文を次に掲出したいと思う。

安永八年修補し藤虞山奥書を加う

遺言状には安永八年（一七七九）八月二十四日の藤虞山《ぐさん》の記した奥書が副えられている。それには、これは端翁宗室の自筆で、崇福寺に所蔵されていたが、虫損が甚

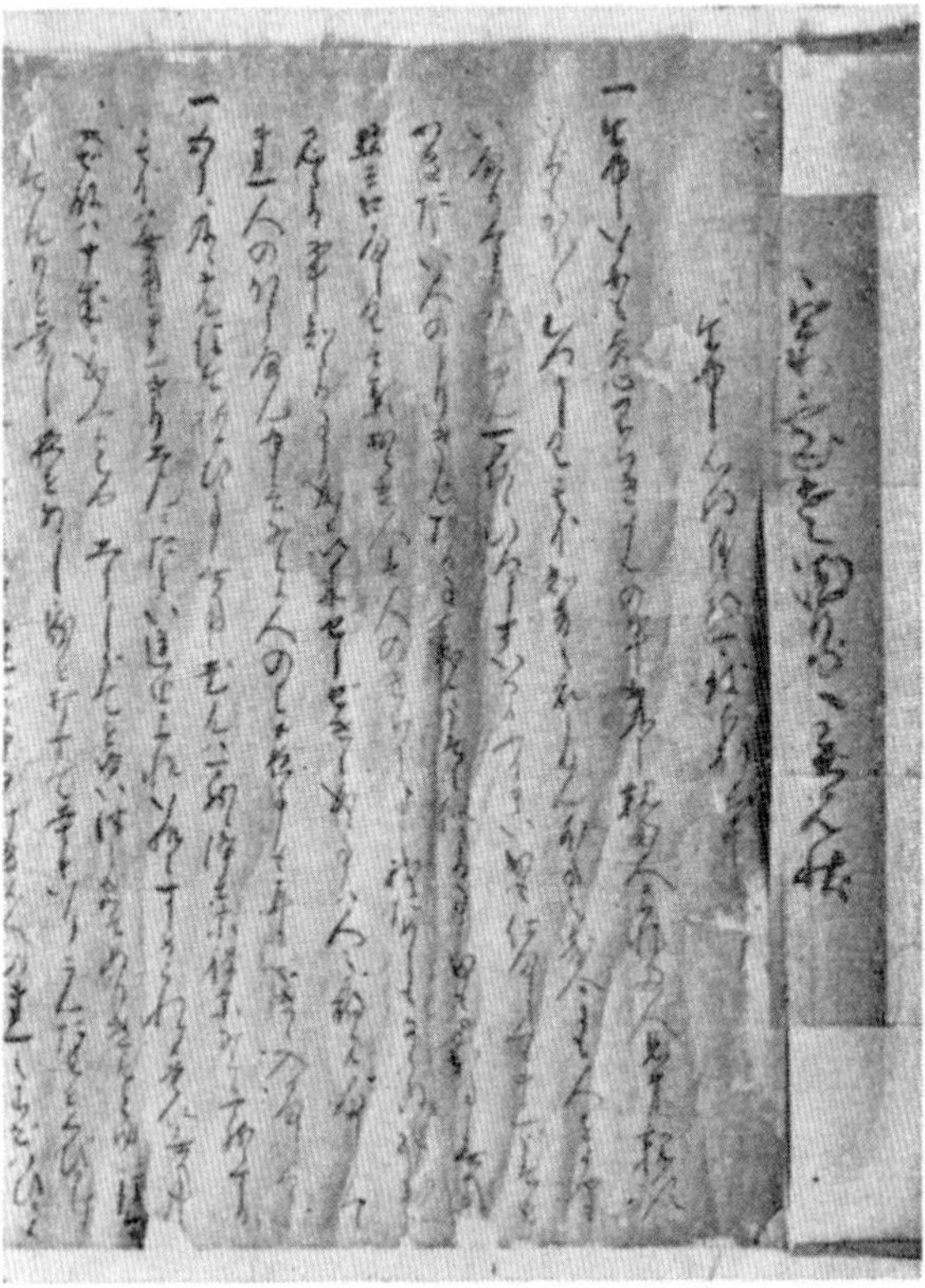

（福岡市，島井静子氏所蔵）

しいので修補して島井家に返却し、崇福寺には別に副本を製して所蔵することにした旨を記している。

なお遺言状は現在巻子本として島井家に伝えられて

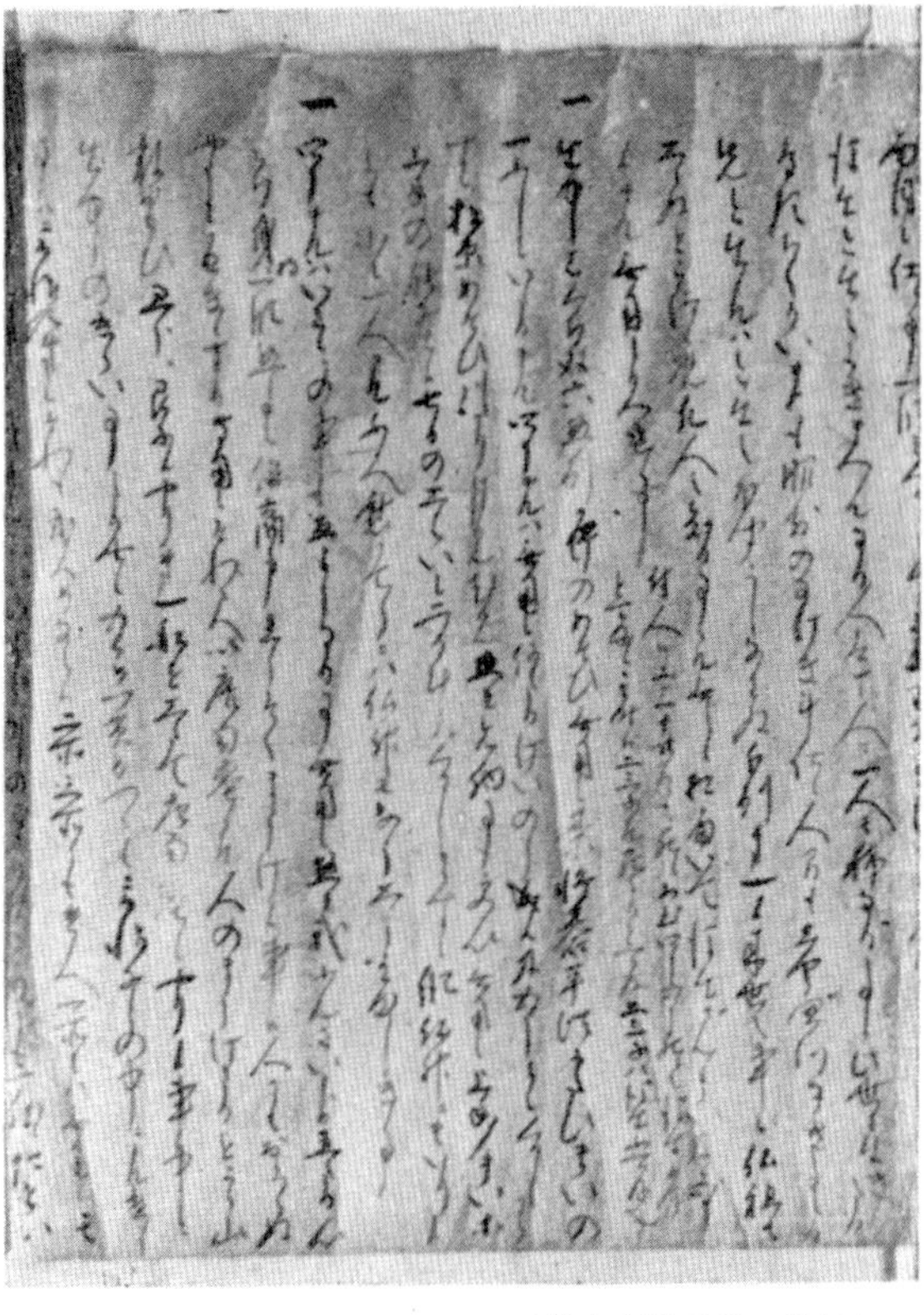

島井宗室遺言状　首部

いるが、同家にはほかに宝永元年（一七〇四）九月に記された冊子本で、この遺言状とほぼ同内容のものが伝えられている。この巻子本と冊子本との比較検討は遺言状成立の事情を知るために何らかの材料を提供するかも知れないと思われたが、私の島井家滞留が極めて短時間であったので、この作業を十分に果すことができなかった。後考をまつ次第である。

貞心・律義・慇懃なるべきこと

生中心得身持可レ致ニ分別ニ事

(一)
一、生中、いかにも貞心りちぎ(律義)候ハんの事不レ及レ申、親両人・宗怡《そうい》両人、兄弟・親類、いかにもかう〳〵(孝行)むつまじく、其外知音之衆、しぜん外方之寄合にも、人をうやまいへりくだり、いんぎん(慇懃)可レ仕候。びろうずいゐ(尾籠随意)のふるまい少も仕まじく候。第一、うそ(嘘)をつき、たとい人のゝしりきかせたる事成共、うそに似たる事、少も申出事無用。惣而《そうじて》口がましく、言葉おゝき人は、人のきらう事候。我ためにもならぬ物ニ候。少も見たる事知たる事成共、以来せうぜき(証跡)に成候事ハ、人之尋候共、申まじく候。第一、人のほうへん(褒貶)、中言などハ、人

五十まで後生願い無用

の申候共、返事も耳にもきゝ入るまじく候。

一、(三) 五十ニ及候まで、後生ねがひ候事無用候。老人ハ可レ然候。浄土宗・禅宗などハ可レ然候ずる。其外ハ無用候。第一、きりしたんニ、たとい道由・宗怡いか様にすゝめられ候共、曾以無用候。其故ハ十歳ニ成候へバ、はやしうし(宗旨)だて(立)をゆい、つミきそねるきそとゆい、後生たて候て日を暮し夜をあかし、家を打すて寺まいり、こんたすをくびかけ、面目に仕候事、一段ミぐるしく(見苦)候。其上所帯なげき候人の、第一之わざハひ(禍)ニ候。後生・今生之わきまへ候てゐる人は、十人ニ一人モ稀なる事候。此世に生きたる鳥類・ちくるい(畜類)までも、眼前のなげき計仕候。人間もしやべつ(差別)なき事候間、先今生にてハ、今生之外聞うしなわぬ分別第一候。来世之事ハ、仏祖もしらぬと被レ仰候。況《いわんや》凡人之知る事にて無レ之候。相かまい(構)て後生ざんまい及二五十一候まで無用たるべき事。

付、人ハ二、三、十、廿にても死候。不レ至二四十・五十一死候て、後生如何と可レ存候。其時ハ二-三子にて死たると可レ存、二-三子ハ後生不レ可レ存也。

賭事を禁ず

(三)一、生中、ばくち(博打)・双六、惣別かけ(賭)のあそび無用候。棊(碁)・将碁(棋)・平法《へいほう》・うたひ(謡)・まい(舞)の一ふしにいたるまで、四十までハ無用候。何たるげいのう(芸能)成共、及ニ五十ニ候者くるしからず候。松原あそび・川かり・月見・花見、惣而見物事、更以無用候。上手ノまい等、上手の能などハ、七日のしばい(芝居)に二日計ハくるしからず候。縦《たとい》仏神ニまいり(詣)候とも、小者一人にて参候へ。慰がてらニハ、仏神もなうじう(納受)有まじき事。

分際を過ぐべからず

(四)一、四十までハ、いさゝかの事も、ゑよう(栄耀)なる事無用候。惣而我ぶんざい(分際)より過たる心もち・身持、一段悪事候。併《しかしながら》商事・れうそく(料足)まうけ候事ハ、人にもおとらぬやうにかせぎ候ずる専用候。それさへ以、唐・南蛮にて人のまうけたるをうら山敷おもひ、過分に艮子(銀)共やり、第一船をしたて、唐・南蛮にやり候事、中々生中のきらい事たるべく候。五百め・一貫めづつも、宗怡などの中ニ候て遣候事ハ、宗怡次第候。それも弐貫めならバ、二所ー三所にも

奢侈を禁ず

遣候へ。一所にハ無用候。其外之事、何事も我ぶんざい《分際》の半分ほどの身もち、其内にも可レ然候。たとい、世ハ余めり入たるハ悪候間、少ハさし出候へと、人の助言候共、中々さし出まじく候。及二五十一候までハ、いかにもひつそく《逼塞》候て、物ずき・けつこうずき・茶のゆ・きれいずき・くわれい《華麗》なる事、刀・わきざし《脇差》・いしやう《衣装》等、少もけつこう《結構》にて、目に立候ハ、中々無用候。第一、武具更以不レ入事候。たとい人より被レ下たるいしやう・刀成共、売候て良《銀》子になし候て、もち候べく候。四十まで、木綿き物、しぜんあら糸・ふし糸の織物などの、少もさし出候ハで、人のめにたゝぬきる物ハ、くるしからず候。家もしゆり《修理》ゆだん《油断》なく、かべがき《壁垣》もなわ《縄》のくちめ《朽目》計《ばかり》ゆいなをし候へ。家屋敷作候事、曾以無用候。及二五十一候てハ、其方れうけん《料見》次第候。何たる事ニ付我ちからの出来候てハ、如何様にも分別たるべく候。それとても多分之人皆死する時に、びんぼう《貧乏》する物候。我ちから才覚にて仕出し候ても、死期に成候までもちとゞけたる人は十人－廿人に一人もなき事候。況親よりとり候人、やがてミななし、後にびんぼう(貧乏)にきわ(極)〔ま脱カ〕り死するものにて候。其分別第一候事。

振舞の誠

一、(五) 四十まてハ、人をふるまい(振舞)、むさと人のふるまいに参まじく候。一年に一度－二度親兄弟親類ハ申請、親類中へも可レ参候。それもしげ〳〵と参候ずる事無用候。第一夜ばなし計事、とかく慰事ニ、兄弟衆よび候共参まじき事。

道具のこと

一、(六) 人の持たる道具ほしがり候まじく候。人より給候共、親類衆之外之衆のを、少ももらい取まじく候。我持たる物も出し候まじく候。よき物ハたしなミ置、人にも見せ候まじく候事。

交友の心得

一、(七) 生中、知音候ずる人、あきないずき、所帯なげきの人、さし出ぬ人、りちぎ慥《たしか》なる人、さし出ず心持よくうつくしき人にハ、ふかく入魂《じっこん》もくるしからず候。又生中知音仕まじき人、いさかいがちの人、物とが(咎)め候人、心底あしく

節倹を勧む

主人みずから竈の火を焚くべし

にくちなる人、中言をゆふ人、くわれい《華麗》なる人、大上戸《じょうこ》、うそつき、宮家ずきの人、ざつとう《雑踏》、しやミせん・小うたずき、口がましき人、大かたかやう之人々、同座にも居まじき事。付、平法人。

一、（八）生中、むさと用もなき所へ出入、よそあるき無用候、但殿様《黒田》へしぜん〱出可レ申候。何ぞ御肴之類不レ珍候共、あわび・鯛、左様之類成共、新をもとめさし出可レ申候。井上周防殿・小川内蔵殿へハ、是又しぜん可レ参候。其ほかは年始・歳末各なミたるべく候。とかく内計ニ居候て、朝夕かまの下の火をも我とたき、おきをもけし、たき物・薪等もむさとたかせ候ハぬやうに、家の内・うら等、ちりあくた成共取あつめ、なわのきれ、ちりのミじかきハ、すさ《苆》にきらせ、ちりもながきはなわになわせ、き《木》のきれ竹のおれ、五分までハあつめ置、あら《洗》はせ、薪・かゞり《篝》・焼物にも可レ仕候。紙のきれハ五分・三分も取あつめ、すきかへし《漉返》に可レ仕候。我々仕たるやうに分別、いさゝかの物も、つゐへ《費》にならぬやうに可レ仕事。

買物の心得

(九)一、常住、薪・たき物、二分ー三分のざつこいわし《雑魚鰯》、あるひは町かい、浜の物、材木等かい候共、我と出候てかい、いかにもねぎり《値切》かい候て、其代たかさやすさを能おぼへ、其後にハ、誰にかハせても、其代のやすさたかさを居ながら知る事候。さ候へバ、下人にもぬかれ候まじく候。寿貞《神屋》ハ生中薪・焼物われと聖福寺門之前にて被レ買候。

人の所帯は薪・炭・油

人の所帯ハ、薪・すミ《炭》・油と申候へ共、第一薪が専用候。たきやうにて過分ちがい候。一日にめし《飯》・しる《汁》にいかほどゝ、われとたきおぼえ、いかほど成共、其分下女に渡候てたかせ候へ。但壱月にいかほどのつもりさん《算》用候ずる事。但たきゞ・たき物も、なま《生》しきとくち《朽》たるが悪候。ひ《干》たる薪をかい候へ。薪より柴・はぎこぎ《端木小木カ》の類が可レ然候。柴などよりかや《茅》焼物が徳にて候。酒を作、ミそ《味噌》をにさせ候者、米一石に薪いかほどにてよきと、われとたきおぼえ、薪何把に、けし《消》炭いかほどゝけしおぼえ候て、其後其さん《算》用にたかせ、すミをもけさせ請取候べく候。いづれの道にも、我としんらう《心労》候ハずバ、所帯ハ成まじく候事。

酒造・質取・召使人のこと

（一〇）一、酒を作り、しち《質》を取候共、米ハ我ともはかり、人に計せ候とも、少も目もはなさず候て可ㇾ然候。かたかけにて何たる事もさせ候まじく候。下人・下女にいたるまで、皆〳〵ぬす《盗》人と可㆓心得㆒候。酒作候者、かし《淅》米置候所を作、じやう《錠》をさし、こわいい《強飯》もぬすむ物ニ而、さまし候時、ゆだん《油断》仕まじく候。しちを取候共、させらぬ刀・わきざし《脇差》・武具以下、家やしき《屋敷》人の子共、させらぬ茶のゆ道具、田地など不ㇾ及ㇾ申候。惣別人共あまためしつかい候事無用候。第一、女子多く置候事無用候。女房衆あるかれ候共、下女二人・おとこ壱人之外、曾以無用候。其方子共出来候者、いしやうなどうつくしき物きせ候まじく候。是又よそにあるき候共、おち《御乳》ニ下女壱人相そへあるかせ候へ。さしかさ《差傘》・まほり《守》刀等もたせ候事、中々無無《衍カ》用候。ちいさきあミかさ《編笠》こしらへ、きせあるかせ候べく候事。

飯米・味噌・塩消費の心得

一、（二二）朝夕飯米一年に一人別壱石八斗に定り候へ共、多分むし物あるひハ大麦くわせ候へバ、一石三斗－四斗にもまハし候べく候。ミそハ壱升百人あてニ候へ共、多候而、百十人ほどにても一段能候。塩ハ百五十人にて可ㇾ然候。多分ぬかミそ五斗ミそ無二由断一こしらへくわせ候へ。朝夕ミそをすらせ、能々こし候て汁に可ㇾ仕候。其ミそかすに塩を入、大こん・かぶら・うり・なすび・とうぐわ・ひともじ（葱）、何成共、けづりくず（削屑）・へた・かわのすて候を取あつめ、其ミそかすニつけ候て、朝夕の下人共のさい（菜）にさせ、あるひハくきなどはしぜんにくるしからず候。又米のたかき時ハ、ぞうすい（雑炊）をくわせ候へ。寿貞一生

主人夫婦率先して雑炊を食うべし

ぞうすいくわれたると申候。但ぞうすいくわせ候に、先其方夫婦くい候ハでハ不ㇾ可ㇾ然候。かさにめしをもりくい候ずるにも、先ぞうすいをすハれ候て、少成共くい候ハずバ、下人のおぼえも如何候。何之道にも、其分別専用候。

宗室若き時下人同様の食事をす

我々母なども、むかしハ皆其分にて候つる。我々も若き時、下人同前のめし計たべ候つる事。付、あぢすき無用事。大わたぼうし無用事。

（一二）一、我々つかい残たるものもとらせ候て、宗怡へ預ケ、如何様にも少づゝ商《あきない》事《ごと》、宗怡次第ニ可レ仕候。其内少々請取、所帯ニ少も仕入、たやすきかい物共候者、かい置候て、よそ（他所）へ不レ遣、商売あるひハしちを取、少ハ酒をも作候て可レ然候、あがり口之物にて、たかきあきない物、生中かい候まじく候。やすき物ハ、当時売候ハねども、きづかい（気遣）なき物候。第一、しち（質）もなきに、少も人にかし候まじく候。我々遺言と申候て、知音・親類にもかし候まじく候。平戸殿（松浦）などより御用共ならバ、道由・宗怡へも談合候て、可レ立二御用一候。其外御家中へハ少も無用候。

商売の秘訣

（一三）一、人ハ少成共もとで（元手）有時に所帯に心がけ、商売無二由断一、世のかせぎ専すべき事、生中之役にて候。もとでの有時ハゆだんにて、ほしき物もかい、仕度事をかゝさず、万くわれい(華麗)ほしいまゝに候て、やがてつかいへらし、其時におどろき、後くわい(悔)なげき候ても、かせぎ候ずる便もなく、つましく候ずる物なく候てハ、後ハこつじき(乞食)よりハあるまじく候。左様之身をしらぬうつけものハ、人のほうこう(奉公)もさせず候。何ぞ有時よりかせぎ商《あきない》、所帯はくるまの両輪のごとく、なげき候ずる事専用候。いかにつましく袋に物をつめ置候ても、人間の衣食ハ調候ハで不レ叶候。其時ハ取出つかい候ハでハ叶《かなう》まじく候。武士ハ領地より出候。商人はまうけ候ハでハ、袋に入置たる物、即時に皆に可レ成候。又まうけたる物を袋にいかほど入候共、むさと不レ入用につかひへらし候者、底なき袋に物入たる同前たるべく候。何事其分別第一候事。

(一四)一、朝ハ早々起候て、暮候者則ふせり候へ。させらぬ仕事もなきに、あぶら(油)をついやし候事不レ入事候。用もなきに夜あるき、人の所へ長居候事、夜るひるともに無用候。第一、さしたてたる用は、一刻ものばし候ハで調《ととのえ》候へ。

後に調候ずる、明日可ㇾ仕と存候事、不ㇾ謂《いわれざる》事候。時刻不ㇾ移可ㇾ調事。

旅行の心得

（一五）一、生中、身もちいかにもかろく、物を取出など候ずるにも、人にかけず候て、我と立居候ずる事。旅などにてハ、かけ《懸》硯・ごた袋等われとかたげ候へ。馬にものらず、多分五里ー三里かち《徒》にて、とかく商人もあよミ《歩》ならひ候て可ㇾ然物候。われら若き時、馬に乗たる事無候。道之のりいかほどゝおぼえ、馬ちん《賃》いかほど、はたごせん《旅籠銭》・ひるめし之代・船ちん、そこ〳〵の事書付、おぼえ候へバ、人を遣候時、せんちん《船賃》・駄ちん、つかいを知る用候。宿々の丁《亭》主の名までもおぼえ候ずる事。旅などに人の商物事伝《ことづて》候共、少も無用候。無㆓余儀㆒知音・親類不ㇾ遁事ならば、不ㇾ及㆓是非㆒候。事伝物者《は》少も売へぎ《剝》・買へぎ仕まじき事。

喧嘩口論に干渉すべからず

（一六）一、いづれにても、しぜん寄合時、いさかい・口論出来候者、初めよりやがて立退、早々帰り候へ。親類・兄弟ならバ不ㇾ及㆓是非㆒候。けんくわ《喧嘩》など其外何たる事むつかしき所へ出まじく候。たとい人之無躰をゆいかけ、少々ちじよ(恥辱)くニ成候とも、しらぬ躰にて、少之返事にも及候ハで、とりあい候まじく候。人のひけうもの(卑怯者)・おくびやうもの(臆病者)と申候共、宗室遺言十七ケ条之書物そむき候事、せいし(誓紙)之罰如何候由可㆑申候事。

夫婦の和合

島井は宗室一世

(一七)
一、生中、夫婦中いかにも能候て、両人おもいあい候て、同前所帯をなげき、商売に心がけ、つましく無㆓由断㆒様に可㆑仕候。二人いさかい中悪候てハ、何たる事にも情ハ入まじく候。所帯ハやがてもちくづれ候ずる事。又我々死候者《はば》、則其方名字をあらため、神屋と名乗候へ。我々心得候而、島井ハ我々一世にて相果候。但、神や不㆓名乗㆒候者、前田と名乗候てくるしからず候。其方次第候事。付、何事ニ付ても、病者にてハ成まじく候。何時成共、年中五度ー六度不断灸治・薬のミ候ずる事。

以上

右十七ケ条之内、為《いつとして》㆑一非㆓宗室用《のに》㆒候。其方為㆓生中守㆒令㆓遺言㆒候。夫《それ》弓矢

十七条憲法に擬す

取之名人ハ、先まく(敗)べき時之用心手だてを第一ニ分別を極め、弓矢を被ニ取出一と承候。縦《たとい》まけ候てモ、我国をも不レ失、人数をもうたせず候。無ニ思案一之武士ハ、少も無ニ其分別一、むさと人之国をも取べきと計《ばかり》心得、取かゝり、まけ候へバ、持たる国まで被レ取、身をも相果と申候。つれ〲ぐさ(徒然草)に双六之上手の手だてにかたんと打べからず、まけじと打べしと書置候。是其理《ことわり》也。

其方事、先所帯をつましく、夜白(昼)心がけ、其上にて商買無ニ由断一可レ仕候。若ふと悪艮(銀)子もうしない候共、少成共所帯に仕入、残たる物にて、又取立候事も可レ成候。艮子まうけ候ずると計心得、少もしよたいに不レ残、ほしき物をもかい、仕度事をも存分のまゝ調候者、一日之内ニ身上相果可レ申候。とかく先すりきりはて候ずる時の用心分別専用也。双六上手之手だておもひあわせ候へ。乍レ恐、右之十七ケ条、為ニ其方ニハ太子(聖徳太子)之御憲法にもおとり候まじく候。毎日ニ一度モ二度モ取出令ニ披見一、失念候まじく候。於ニ同心一、此内

誓紙を棺中に入れよ

一ケ条も生中相違仕まじきと宝印《(牛王宝印)》之うらをかへし、誓紙候て可レ給候。拙者死候て、棺中ニ入べきため也。仍而遺言如レ件。

慶長拾五甲戌正月十五日

虚白軒
宗室（花押）

神屋徳左衛門尉とのへ

宗室が出した文書は現存せず

虚白軒とあるのは、宗室の号である。島井家の『由緒書』によれば、宗室が大徳寺の古溪宗陳に謁して剃髪《ていはつ》した時から虚白軒宗室と称するようになったのだとしている。この文書には花押があり、これは巻頭の写真によってみられたいが、現在私が知る限り唯一の宗室の花押である。宗室に充てた多くの有名な武将や茶人の文書が今日遺されているのに、宗室が書いた文書というのが諸家に遺されていないのは不思議というほかはない。

右の遺言状が十七条からなっているのは、自身末尾に記している通り聖徳太子の十七条憲法になぞらえたのである。第一条は律義・孝行・慇懃の徳を説いたもので、対人関係の徳目を第一に挙げていることは、商人の教訓として極めて注目される。第二条は信仰について述べたものであるが、みずから法体《ほったい》をとり、晩年は崇福寺の造営に力をいたした宗室も、子孫に対しては特に後生願いの無用であることを諭《さと》したのである。文中にみえる道由は神屋道由（幽）で、『石城志』によると徳左衛門尉の実父ということになっている。三条・四条・五条はいずれも四十歳以前の心得を説いたもので、壮年時代は商売を第一とし、信仰・趣味・娯楽などに優先することを明確にうたっている。なお第四条で唐・南蛮など外国貿易への投資は「きらい事たるべく」とし、投機事業として危険の多かった外国貿易に対する慎重・細心の心構えを説いている。それにしても子の徳左衛門尉と孫の権平は外国貿易船にしばしば投資し、『島井文書』にはいわゆる投銀《なげがね》の証文が数多く遺されている。第七条は交友に関する訓誡である。官家好きとは権威に媚《こ》びへつらうもののことで、三味線・小唄好きは当時の流行を追う人びとをさしたものであろう。第八条は節倹を勧めたものである。ここで面白いのは無駄な「よそあるき」は禁ずるが、殿様である黒田家と、その家老の井上氏・小川氏に対しては自然に参入し、付け届けをするように説いている。まさに商人の根性を見せられる思いである。節倹といっても御用商人の立場を守っての節倹であることがここに明らかに知られるのである。第九条も前条につづいて節倹の道を説いたもので、特に買物や下人の使用について記している。第十条は醸造・質取・使用人に関するもの。第十一条は使用人の飯米・味噌・塩などの消費に関する心得を説いたもの。第十二条と第十三条は商売の秘訣を説き、以下の各条は時間の節約や旅行の心得、喧嘩・口論に干渉することのいましめなどから、夫婦和合の重要性にまで及んでいる。なお第十二条では特に「平戸殿などより御用共ならバ、道由・宗怡へも談合候て、可㆑立㆓御用㆒候。」としているが、平戸松浦氏と島井氏の関係は極

島井徳左衛門尉、松浦鎮信より信字を与えらる

めて親密なものがあったらしい。ちなみに徳左衛門尉は慶長十三年十二月十三日松浦源三郎鎮信から加冠状をうけ信吉を名乗っている（『島井文書』）。

この遺言状を見て感ずることは、注意事項が極めて具体的で、細微な点にまで及んでいることである。近世初頭という時代的な雰囲気と、宗室の行動の華やかさとから予想される豪放闊達な気分は、この遺言状には見ることができない。しかし反面、宗室のような人生の遍歴者にしてはじめてこのようにまで慎重な生活態度を子孫に要求することができたのだということもできる。越後屋を創業した三井高利は、みずからは大名貸によって巨利を博しておきながら、子供たちに対しては家憲によって大名貸を厳禁しているし、また江戸深川の豪商奈良屋茂左衛門はみずからは幕府その他の請負事業で巨利を得ていながら、子供たちに対しては何々様御用など一切してはならぬと教訓している（中田易直氏「近世初頭の貿易商人たち」『日本人物史大系』三所収）。これらの慎重さは豪商の遺訓に共通した考え方といえようか。

島井氏と神屋氏は血縁深し

なおまた、宗室遺言状の書かれた慶長十五年という徳川封建体制の固定しはじめる時期と、近世初頭の大商人も結局は御用商人的な商業資本家にすぎなかったという二つの視点から遺言状を読み直してみる必要があるのではないだろうか。

充書の徳左衛門尉については、島井宗室墓碑銘には「居士（宗室）娶二神谷道悉《どうしつ》女一生三二男一、伯信吉、仲信清」とあって、徳左衛門尉信吉はあたかも宗室の実子のように記しているが、これは疑わしい。遺言状には明確に「神屋徳左衛門尉とのへ」としているし、文中にも「又我々死候者《はば》、則其方名字をあらため、神屋と名乗候へ。我々心得候而、島井ハ我々一世にて相果候。但、神や不二名乗一候者、前田と名乗候てくるしからず候。」とある。この遺言にもかかわらず、徳左衛門尉が神屋を称したことは現存の文書ではこの遺言状以外に明証を見出すことができない。前田というのも徳左衛門尉と関係ある博多商人の一族かと思われるが明確にできない。文中徳左衛門尉の後見人として実父の神屋道由と共にしばしばあ

神屋氏の系図

- 神屋永符
  - 主計
    - 寿貞（禎）
      - 宗伯
        - 道由（幽）　妻ハ島井宗室女
          - 徳左衛門尉　島井宗室外孫　島井宗室ヲ嗣グ
          - 道寿
            - 惣左衛門　善兵衛ト島井家ノ家督ヲ争フ
      - 宗浙
      - 紹策
        - 宗湛
          - 吉左衛門
            - 金左衛門
            - 市左衛門
              - 貞右衛門
            - 善兵衛　道由外孫　徳左衛門尉甥　島井権平ヲ嗣グ

島井氏の系図

島井宗室（妻妙室ハ神屋道悉女）＝徳左衛門尉信吉（神屋道由嫡子　宗室外孫　妻ハ高木市三郎姉）――権平正則＝善兵衛茂武（神屋道由外孫　徳左衛門尉甥）

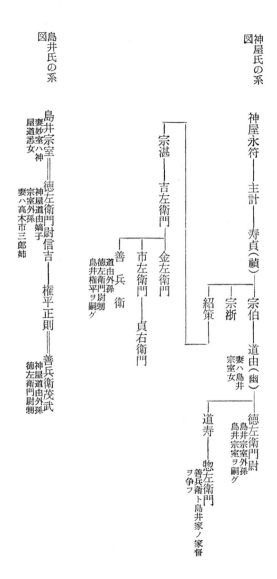

らわれる宗怡という人物が、あるいはこの前田と関係があるのかも知れない。

博多商人は相互に血縁関係が密接

ともあれ、島井氏と神屋氏は血縁関係が極めて深い。博多を代表する両巨頭は血縁を通じても強く結ばれていたのである。『石城志』の記載を他の記録で補正しながら両氏の関係の部分を図示したのが前ページの系図である。

右は島井氏と神屋氏との関係であるが、徳永宗伴は島井氏から入って徳永氏を嗣いだのであり、島井徳左衛門尉の妻は高木氏であった。ちなみに島井権平の跡目相続を許可した黒田氏の老臣の連署状の充書は高木市三郎・同五郎右衛門・徳永宗伴となっている(『島井文書』)。これは、この三人が島井氏の親戚として重要な立場にあったからに外ならない。そしてまた神屋氏の家系は新興の大賀氏や伊藤氏などの商人と複雑に入りくんでいるのである。このような家系の入り組み方は博多商人の血が相互に広く混じ、それはすでに一族のようになっていた有様を想像させるのである。そうすれば宗室の遺言状はただ一人の養嗣子の徳左衛門尉を対象と

遺言状は博多商人全体に対する訓誡

して書かれたものではあろうが、内容はすでに博多商人全部の訓誡ともいうべきものであった。そして博多商人の土性骨とでもいうべきものを高らかに表現したものでもあった。

一三　終焉

宗室博多の自邸に死去

元和元年（一六一五）八月二十四日、島井宗室は博多の自邸で病により、波瀾にみちた生涯の幕を閉じた。『博多三傑伝』は行年七十七歳であったとしている。

江月宗玩、宗室の画像に賛す

家人は早速画工に命じて生前の面影を描かせて二種の画像を作製し、その絵絹を江月宗玩に送って賛を求めた。江月はこの時すでに崇福寺を去り、京都の大徳寺の百五十六世住持を経て竜光院（大徳寺塔頭）に退隠していた。画像のうち一種は福岡市立記念館の戦災により惜しくも消滅したが、島井家に伝えられたものはよく現存し、宗室の生前の姿をいまに示している。口絵に掲げた写真がすなわちそれである。春風の温容の中に秋霜《しゅうそう》の気骨を秘めたもので、晩年の宗室の風貌をよくしのばせるに足るものである。

江月はその十二月二十四日、画像を一見して鬢《びん》の毛の白さに生前の宗室に対する思いをなし、直ちに筆をとって賛した。

端翁宗室居士肖像

其《その》行《こう》其《その》操《そう》、始を克《よ》くし終を克くす。江河の浩渺《こうびょう》たるを慈潤《じじゅん》し、山獄の穹崇《きゅうそう》たるを仰高《ぎょうこう》す。六芸《りくげい》の喉襟《こうきん》を誦《ず》し了りて、之《これ》を関西の孔夫子に譬《たと》へ、十五の余席を坐断して、謂《い》ひつべし汝南《じょなん》の載侍中《たいじちゅう》なりと。学を好みほとんど志有り、経を解きて又窮まらず。紫府《しふ》に隣を接して、詩思を一夜の梅樹に覃《およ》ぼし、烏《う》津《しん》に隠を卜《ぼく》して、吟興を十里の松風に馳《は》す。喫茶《きっさ》去《こ》底《てい》郝真際を奴視し、囲棋の悟処遠録公《おんろくこう》を笑倒《しょうとう》す。肩に衲衣《のうい》を搭《の》せ形容卓尓《たくじ》たり、俗にして僧々にして俗、身几《き》案《あん》に停《とど》まりて工夫綿密なり、同中の異々中の同。観《み》る者は十目を明かにし、聴く者は四聡に達す。花、色即空（兮）空即色、画成りて冬日瑞雲紅《くれない》なり。

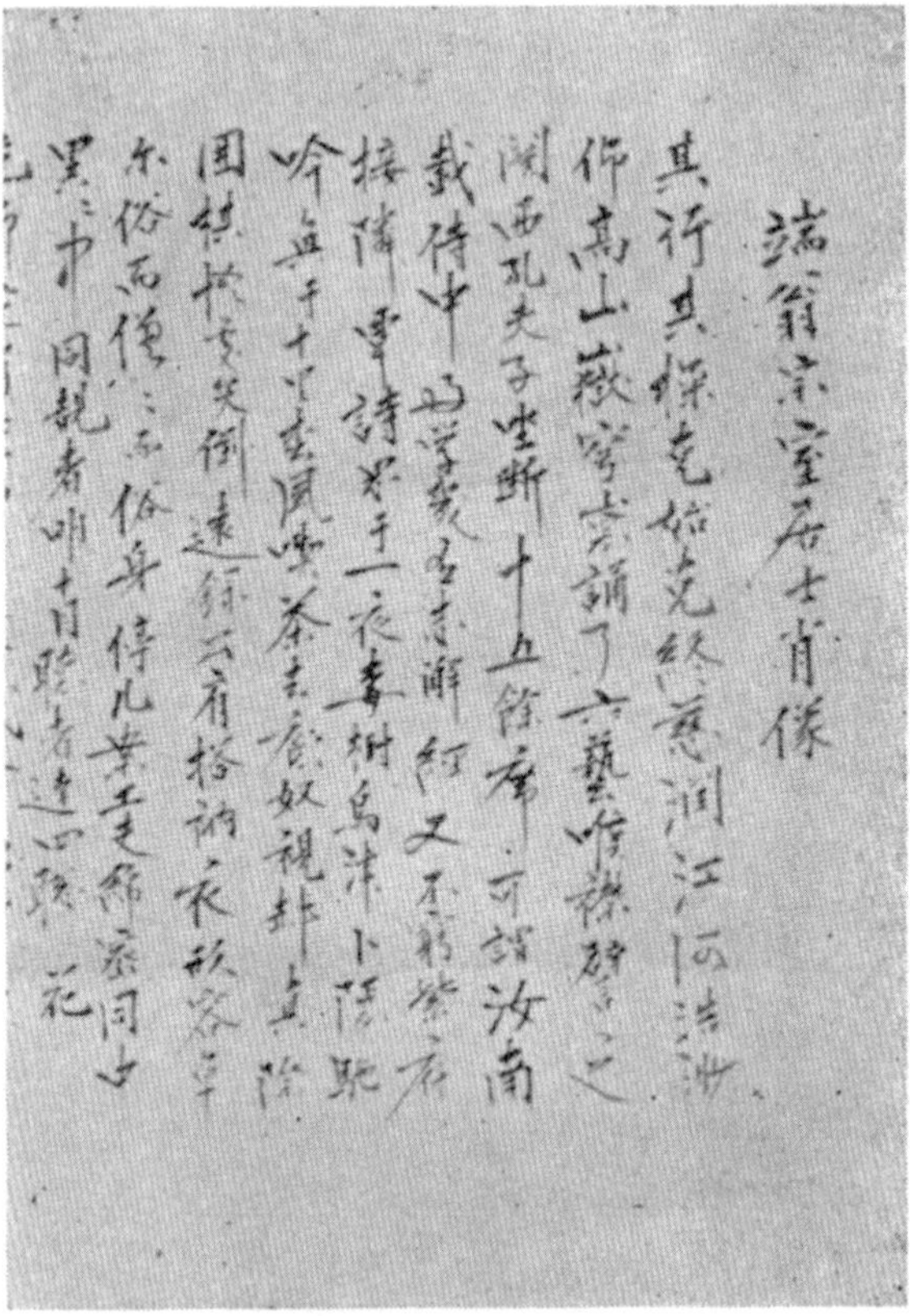

（福岡市，島井静子氏所蔵）
に対する江月の賛である。

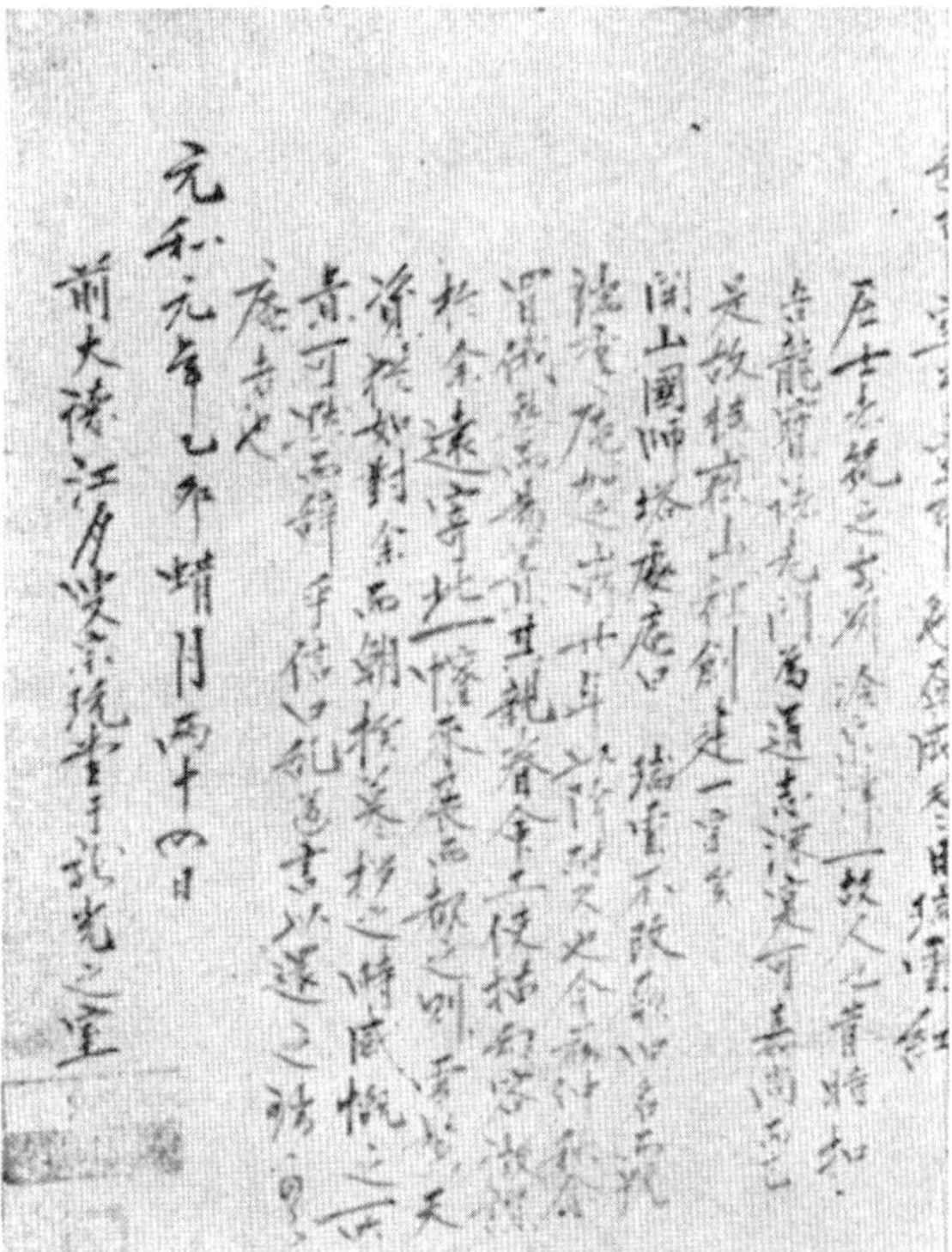

江月宗玩筆端翁宗室居士肖像賛

口絵に掲げた宗室の画像

宗室大徳寺諸老の門をたたく

宗室瑞雲庵を復興す

江月と宗室の交友は二十年

宗室の親族絵絹を江月に送り賛を請う

居士《こじ》は筑の前州冷泉津の一故人なり。昔時吾《わが》竜宝諸老の門を扣《たた》き、道のために志深し。寔《まこと》に嘉尚《かしよう》すべきのみ。この故に横嶽山裡に一宇を創建す。開山国師の塔所は、庵を瑞雲と曰《い》ふ。厥《か》の旧名を改めずして瑞雲庵と号す。しかのみならず山野廿年以降《このかた》の耐久なり。今兹《ことし》仲秋念《ねん》四日、俄然として簀《さく》を易《か》ふ。其の親眷《しんけん》工に命じて幻容《げんよう》を描かしめ、讃を余に徴す。遠く此の一燈《とう》を寄せ来る。展《の》べて之を覩《み》れば、則ち雪鬢《せつびん》天資猶《な》ほ余に対して朝挨暮拶《ちようあいぼさつ》の時の如し。感慨の責むる所、黙して辞すべけんや。口に信《まか》せて乱道し、書して以て之を瑞雲庵に還《かえ》す者なり。

元和元年乙卯蜡月《いつぼうさげつ》両十四日（十二月二十四日）

前大徳江月叟宗玩竜光の室に書す。印印

（原漢文）

文中にみえる「喫茶去底」は公案の一つ、「郝真際」は趙州の従諗《じゆうしん》、遠録公は浮山の法遠で、いずれも中国の高僧であるが、宗室の禅の修行がすでにそれらを凌駕《りょうが》するものであると讃えたのである。たしかに、この画像は高僧の面影をも伝

島井宗室画像

原物は福岡市立記念館の戦災によって焼失したので，東京大学史料編纂所の模写を掲げた。口絵写真の画像と同様に江月宗玩の賛がある。

えている。

江月はさらにいま一枚の画像に賛した。この画像の現物は焼失した。前ページの写真は史料編纂所架蔵の模写である。

居士は元来龐蘊《ほううん》公、
西江吸尽して心空と叫ぶ。
常に虚白軒前の月に吟じ、
大坐して端《はし》なく主翁と称す。
虚白軒主端翁宗室居士の遺像、孝孫賛詞を請ふ。一拙偈《げ》を書して以て其の白を塞ぐと云ふ。
元和乙卯元年臘月《ろうげつ》念四日（十二月二十四日）

虚　白　院　　（奥村武氏撮影）

前竜宝江月叟宗玩㊞㊞
焉

（原漢文）
終

宗室聖福寺虚白軒を建立

文中に虚白軒の名が見えるが、虚白軒は宗室の号でもある。宗室は博多の聖福寺に虚白軒（のちの虚白院であろう）を建て、そこに晩年の精進と安住の地を求めていたのであった（『石城志』）。（もっとも『島井家由緒書』によると、聖福寺の虚白院は四代目善兵衛が建立したものということになっている。また『島井宗室日記』では、善兵衛が父の権平が大坂に注文した材料を使用して虚白院の客殿を建てたとしている。なお賛の解読には玉村竹二氏の御教示にあずかった。謝意を表する次第である）

宗室が死去した元和元年はあたかも豊臣氏滅亡の年に当っている。豊臣政権の盛衰とその運命を共にした博多の巨商の死が大坂落城の直後であったということは、いかにも象徴的なできごとであった。朝鮮役に際して血盟を誓った対馬の宗義智はこの年の正月三日に他界し（『寛政重修諸家譜』）、茶道の友古田織部重然もまた、この年の六月幕府から自刃を命ぜられていた（『駿府記』）。元和偃武《げんなえんぶ》といわれたように、この年を境として、国内における戦乱は以後二百五十年の長きにわたってあとをたち泰平の基がひらかれた。この年が幕藩体制の成立史の上で示す意義は極めて深い。そして冒険的企業家島井宗室は、あたかもそれに眼をそむけるかのように世を去ったのである。

遺体は崇福寺瑞雲庵の墓地に埋葬された。

宝暦十四年（明和元、一七六四）に宗室百五十年忌が行なわれたが、墓石の破損が甚しいので、新石に代えられた。墓碑銘は崇福寺

島井宗室墓

崇福寺にある。「端翁宗室居士之墓」としてある。

八十六世徳隠宗薩が筆をとった(『島井宗室墓碑銘』)。その墓石は今日にも遺って、宗室遺裔《いえい》の人びとによって供養され、博多商人の存在をなお誇示しつづけている。

従五位を贈らる

大正五年(一九一六)十一月十五日、宗室は生前の功をもって、神屋宗湛と共に従五位を追贈された(田尻佐氏編輯『贈位諸賢伝』)。

終　焉

略年譜

年次	西暦	事項
元亀〜天正初年		豊後大友氏と交渉あり、堺の天王寺屋道叱とも交る
天正 四	一五七六	九月二一日、肥前の草野鎮永、宗室に所領を充行ふ
八	一五八〇	八月二五日、道叱と共に津田（天王寺屋）宗及の茶会に招かる〇一一月八日、宗及の茶会に招かる〇同月一一日、宗及と共に山上宗二の茶会に招かる〇同月一九日、博多の宗伝および道叱と共に宗及の茶会に招かる〇一二月三日、道叱・宗及と共に草部屋道設の茶会に招かる
九	一五八一	五月二九日、宗及の茶会に招かる〇六月一七日、松江隆仙・道設と共に宗及の茶会に招かる〇同月二四日、宗及と共に藪内道和の茶会に招かる〇同日、天王寺屋了雲と共に宗及の茶会に招かる〇七月一日、妙法寺の本住房と共に宗及の茶会に招かる〇八月六日、宗及に招かれ、文琳の茶器を覧る〇一〇月二三日、宗及と共に本住房の茶会に招かる〇一一月六日、銭屋宗訥・宗及と共に高石屋ト意の茶会に招かる〇同月一〇日、宗訥・宗及と共に八尾に赴き、城主池田教正の茶会に招かる〇同月一一日、宗訥・宗及と共に野間左吉の茶会に招かる〇同月一七日、隆仙・道設・重宗甫・大和屋立佐と共に宗及の茶会に招かる〇同月一八日、宗及と共に道和の茶会に招かる〇同月一九日、宗及と共に塩屋宗悦の茶会に招かる

一〇	一五八二	正月一九日、織田信長、宗室を京都に招きて所持の茶道具を覧せんとし、松井友閑をして塩屋宗悦等堺の商人に通達せしむ○同月二五日、宗及と共に明智光秀の茶会に招かる○六月二日、本能寺の変。宗室、この日本能寺に止宿し、空海筆一切経千字文を取出せりといふ○九月二九日、宗室の客人対馬の三正、宗及の茶会に招かる
一一	一五八三	六月二〇日、千利休、宗室に書状を送り、豊臣秀吉の大坂に移らんとするを報ず。宗室はこれより先、秀吉と対面し交渉あり
一五	一五八七	四月四日、筑前の秋月種実、秀吉に降り、宗室旧蔵の楢柴茶壺を献ず○六月、神屋宗湛と共に秀吉の命をうけて博多の復興に当り、表口一三間半・入三〇間の屋敷を許され、町役を免除せらる○同月一四日、宗湛・柴田宗仁と共に箱崎八幡燈籠堂における利休の茶会に招かる○同月一九日、箱崎陣所における秀吉の茶会に宗湛と共に招かる
一六	一五八八	三月二三日、宗湛等と共に毛利輝元の茶会に招かる○閏五月一九日、秀吉、宗室所持の一軸を所望し、利休および宗伝これを宗室に報ず○一一月一〇日、名島における小早川隆景の茶会に宗湛と共に招かる
一七	一五八九	九月五日、利休、筑前配流中の大徳寺一一七世古渓宗陳の帰洛秀吉より許可せられたる旨を宗室・宗湛に報ず○一〇月八日、対馬の宗義智、日本国王使船を宗室に派遣せしむ○一一月八日、小西行長、朝鮮使節の来朝すべきこと、および行長の使者宗室近日帰朝すべきことを浅野長政に報ず
一八	一五九〇	五月三〇日、宗義智、宗室に起請文を送り、生涯別儀なきを誓ふ○八月九日、上洛して聚楽第

		内における豊臣秀長の茶会に津田宗凡と共に招かる〇一〇月二七日、宗義智・柳川調信・柳川藤内等と共に利休の茶会に招かる
文禄 元	一五九二	正月二五日、石田三成、博多陣取衆に対し、宗室は朝鮮に渡航中により、その宿所に駐屯することを禁ず〇三月二二日、秀吉、博多津内の倉庫を明けおくべきことを、宗室・宗湛に命ず〇一〇月一一日、秀吉、もがり竹の調達を、宗室に命ず〇一一月一七日、秀吉、名護屋城山里丸の茶会に宗室所持「瀟湘夜雨」の軸を掛く
三	一五九四	四月二日、伏見城の修築に際して物を献じ、徳川家康より軍扇を与へらる〇一〇月二六日、備後三原における小早川秀秋結婚祝言のため、宗湛・日高宗暦等の博多年寄衆と共に博多を発す〇一一月一四日、三原に参着す〇同月一五日、三原にて宗湛等と共に隆景の茶会に招かる。この月一七日・一八日・一二月一一日も同前
四	一五九五	正月二九日、このころ博多津内置目の秀吉朱印状を与へられる、〇八月一四日、隆景、秀秋の迎接を宗室・宗湛に依頼す〇一一月二五日、宗湛等と共に山口宗永の茶会に招かる
慶長 元	一五九六	四月二日、宗湛等と共に宗永の茶会に招かる〇八月三日、宗湛等と宗永の書院開きの振舞に招かる〇一一月一五日、宗永の茶席に宗湛と共に招かれ、若狭大夫の能を見物す
三	一五九八	五月二三日、三成、筑前蔵入分代官として博多に下向するにあたり、滞留中の宿所を宗室屋敷に定め、その旨を宗室に報ず〇六月一六日、三成、海北友松・是斎重鑑と共に博多に着し、二六日まで滞在す〇八月一八日、秀吉死去〇同月二八日、三成、筑前における代官・百姓の争ひの調停を宗室に命ず〇九月五日、三成、外征軍撤収の処理にあたるため博多に下向するに先だ

			ち、宗室方に止宿する旨を報ず〇一一月八日、博多における毛利秀元の茶会に三成・宗湛等と共に招かる
	五	一六〇〇	九月一九日、関ヶ原の戦
	七	一六〇二	崇福寺瑞雲庵を建立す〇三月二二日、夏井弥左衛門に米を貸す
	一一	一六〇六	正月、黒田長政、宗室に知行三〇〇石を与へたるも、宗室これを辞し、うち五〇石を瑞雲庵に寄進せんことを願ひ、許さる
	一五	一六一〇	正月一五日、嗣子信吉に「生中心得身持可致分別事」を遺言す〇三月一三日、斎田伝右衛門に米を貸す
	一六	一六一一	二月五日、小寺弥兵衛に米を貸す〇同月二七日、深江村用右衛門に米を貸す〇九月一四日、黒田氏惣家中に丁銀三〇貫目を貸す
	一七	一六一二	四月一日、坂田十左衛門・入江吉兵衛に米を貸す
	一八	一六一三	七月八日、清水与右衛門に米を貸す
	一九	一六一四	七月二六日、宗安に米を貸す
元和	元	一六一五	八月二四日、博多の自邸に病によりて死去す〇一二月二四日、大徳寺一五六世江月宗玩、宗室の画像に賛す
明和	元	一七六四	崇福寺八六世徳隠宗薩、宗室の一五〇年忌にあたり、墓碑銘を草す
大正	五	一九一六	一一月一五日、神屋宗湛と共に生前の功により従五位を贈らる

主要参考文献

一、史　料

東京大学史料編纂所編纂『大日本史料』第十編・第十一編・第十二編
　第十二編ノ二十二、島井宗室死去の条には宗室関係の根本史料が集めてある。
伊東尾四郎編『福岡県史資料』
　第五輯には「神屋文書及記録」、第六輯には「島井文書及記録」、続第四輯には「筑前国続風土記」が収められている。
淡交社刊『茶道古典全集』
　第六巻には林屋辰三郎・村井康彦校訂「北野大茶湯之記」、桑田忠親校訂「山上宗二記」、芳賀幸四郎校訂「宗湛日記」、末宗広校訂「利休百会記」、第七巻及び第八巻には永島福太郎校訂「天王寺屋会記」の他会記と自会記をそれぞれ収めており、またその校訂者による解題も参考になる。
九州文化綜合研究所大宰府調査文献班編『大宰府・太宰府天満宮・博多史料』(続中世編)

二、論　著

池内　宏『文禄慶長の役』正編第一　南満洲鉄道株式会社　大正三年

江島茂逸・大熊浅次郎『商人亀鑑博多三傑伝』　博文館　明治二五年

川島元次郎『朱印船貿易史』　巧人社　大正一〇年

桑田　忠親「島井宗室」（創元社刊『茶道全集』五所収、昭和一一年）

同「九州の役」（三教書院刊『大日本戦史』第三巻所収、昭和一四年）

同『千　利　休』　青磁社　昭和一七年（角川文庫収録、昭和四四年）

同『日本人の遺言状』　創芸社　昭和一九年

同『宗湛日記―神屋宗湛の茶生活』　高桐書院　昭和二二年

同「茶道史より観たる本能寺の変」（『国学院雑誌』六三ノ一・二合併号、昭和三七年）

参謀本部編『日本戦史　朝鮮役』三冊　偕行社　大正一三年

竹内理三編『福岡県の歴史』　文画堂　昭和三一年

武田　勝蔵「伯爵宗家所蔵豊公文書と朝鮮陣」（『史学』四ノ三、大正一四年）

武野　要子「鎖国と博多商人―博多貿易商人研究序説―」（宮本又次編『藩社会の研究』所収、昭和三

五年）
武野　要子「近世初期における博多商人の活躍」（『歴史教育』八ノ一〇、昭和三五年）
田中　健夫『中世海外交渉史の研究』　東京大学出版会　昭和三四年
同　「島井宗室と景轍玄蘇」（『日本歴史』一九三、昭和三九年）
同　「対馬の〃さうけ〃」（『日本歴史』一九六、昭和三九年）
中田　易直「近世初頭の貿易商人たち」（北島正元編『日本人物史大系』第三巻所収、昭和三四年）
中村　栄孝『日鮮関係史の研究』上・中・下　吉川弘文館　昭和四〇〜四四年
野村　晋域「朝鮮の役と北九州に於ける都市の発達」（『社会経済史学』九ノ三、昭和一四年）
芳賀幸四郎「近世初頭における一町人の性格—島井宗室—」（『近世文化の形成と伝統』所収、昭和二三年）
肥後　和男「神谷宗湛」（創元社刊『茶道全集』五所収、昭和一一年）
福田　芳郎「近世初頭に於ける博多商人」（『日本大学世田谷教養部紀要』三、昭和二九年）
藤井　晃「近世初頭に於ける博多豪商の性格について—島井宗室・神屋宗湛を中心に—」（『九州史学』五、昭和三二年）
宮崎五十騎「対馬におけるキリシタン資料」（『キリシタン文化研究会報』六ノ三、昭和三七年）

村井　康彦「北野大茶湯とその茶会記とくに内閣文庫所蔵『大茶の湯記』について」（『史窓』一四、昭和三四年）
物上　敬『島井宗室伝』　皇道経済社　昭和一六年
同『日本商人伝』上　佃書房　昭和一八年
森山　恒雄『九州における豊臣御蔵入米（地）について―肥後の代官加藤清正を中心に―』（『熊本史学』四〇、昭和四八年）
横井　時冬『商人鏡』　金港堂　明治二六年
渡辺　世祐『稿本石田三成』　明治四〇年初版、昭和三年増補再版
渡辺　世祐
川上　多助『小早川隆景』　三教書院　昭和一四年
田中　健夫『中世対外関係史』　東京大学出版会　昭和五〇年
「文禄慶長の役と対馬」を収めた。
同『対外関係と文化交流』　思文閣出版　昭和五七年
「宗義智―離島の勇将―」「博多商人の系譜」「島井宗室と景轍玄蘇」「対馬の〃さうけ〃」を収めた。

著者略歴

一九二三年生れ
一九四五年東京帝国大学文学部国史学科卒業
東京大学史料編纂所教授、東洋大学文学部教授を経て
現在　駒沢女子大学人文学部教授・東京大学名誉教授・文学博士

主要著書

中世海外交渉史の研究　倭寇と勘合貿易　中世対外関係史　倭寇―海の歴史　対外関係と文化交流　日本前近代の国家と対外関係〈編著〉　前近代の日本と東アジア〈編著〉　善隣国宝記・新訂続善隣国宝記〈訳注日本史料・編〉

人物叢書　新装版

島井宗室

昭和三十六年四月十五日　第一版第一刷発行
昭和六十一年八月一日　新装版第一刷発行
平成八年六月一日　新装版第二刷発行

著者　田《た》中《なか》健《たけ》夫《お》
編集者　日本歴史学会
代表者　児玉幸多
発行者　吉川圭三
発行所　株式会社　吉川弘文館
東京都文京区本郷七丁目二番八号
郵便番号一一三
電話〇三―三八一三―九一五一〈代表〉
振替口座〇〇一〇〇―五―二四四
印刷＝平文社　製本＝ナショナル製本

『人物叢書』（新装版）刊行のことば

人物叢書は、個人が埋没された歴史書が盛行した時代に、「歴史を動かすものは人間である。個人の伝記が明らかにされないで、歴史の叙述は完全であり得ない」という信念のもとに、専門学者に執筆を依頼し、日本歴史学会が編集し、吉川弘文館が刊行した一大伝記集である。

幸いに読書界の支持を得て、百冊刊行の折には菊池寛賞を授けられる栄誉に浴した。

しかし発行以来すでに四半世紀を経過し、長期品切れ本が増加し、読書界の要望にそい得ない状態にもなったので、この際既刊本の体裁を一新して再編成し、定期的に配本できるような方策をとることにした。既刊本は一八四冊であるが、まだ未刊である重要人物の伝記についても鋭意刊行を進める方針であり、その体裁も新形式をとることとした。

こうして刊行当初の精神に思いを致し、人物叢書を蘇らせようとするのが、今回の企図である。大方のご支援を得ることができれば幸せである。

昭和六十年五月

日本歴史学会
代表者　坂本太郎

〈オンデマンド版〉
島井宗室

人物叢書　新装版

2021年（令和3）10月1日　発行

著　者　田《た》 中《なか》 健《たけ》 夫《お》

編集者　日本歴史学会
代表者 藤 田 覚

発行者　吉 川 道 郎

発行所　株式会社 吉川弘文館
〒113-0033　東京都文京区本郷7丁目2番8号
TEL　03-3813-9151〈代表〉
URL　http://www.yoshikawa-k.co.jp/

印刷・製本　大日本印刷株式会社

田中健夫（1923～2009）

ISBN978-4-642-75049-3